张新征 武效军 陈凤山 武文斌 著

重疾险新规精讲

康小龙题

电子工业出版社
Publishing House of Electronics Industry
北京·BEIJING

内 容 简 介

这是一本介绍重疾险和重大疾病知识的科普读物。作者以中国保险行业协会与中国医师协会联合发布的《重大疾病保险的疾病定义使用规范（2020年修订版）》为基础，用通俗易懂的语言，系统讲解了28种重度疾病和3种轻度疾病的定义、理赔要点，并提供对应的健康养生建议，向大众普及与重疾险相关的医学、保险学知识。

大众读者阅读本书，可以系统地了解重大疾病知识，从而更合理地配置重疾险；保险从业者阅读本书，可以提升自身的专业知识和业务水平，更好地为客户服务。

未经许可，不得以任何方式复制或抄袭本书之部分或全部内容。
版权所有，侵权必究。

图书在版编目（CIP）数据

重疾险新规精讲/张新征等著. —北京：电子工业出版社，2023.5
ISBN 978-7-121-45413-4

Ⅰ. ①重… Ⅱ. ①张… Ⅲ. ①医疗保险－保险业务 Ⅳ. ① F840.4

中国国家版本馆 CIP 数据核字（2023）第 065072 号

责任编辑：王陶然
印　　刷：鸿博昊天科技有限公司
装　　订：鸿博昊天科技有限公司
出版发行：电子工业出版社
　　　　　北京市海淀区万寿路173信箱　邮编：100036
开　　本：710×1000　1/16　印张：21　字数：254千字
版　　次：2023 年 5 月第 1 版
印　　次：2023 年 5 月第 1 次印刷
定　　价：89.00 元

凡所购买电子工业出版社图书有缺损问题，请向购买书店调换。若书店售缺，请与本社发行部联系，联系及邮购电话：（010）88254888，88258888。
质量投诉请发邮件至zlts@phei.com.cn，盗版侵权举报请发邮件至dbqq@phei.com.cn。
本书咨询联系方式：（010）57565890，meidipub@phei.com.cn。

序 一

作为一个"卖保险的",我认为卖保险应该在"不误导消费者的前提下把保险卖出去"。但"不误导"这三个字,保险行业长久以来做得并不好。

我刚刚进入保险行业的时候,曾经听说监管部门在会议上问保险公司的参会者:"如果不误导消费者,你们能卖这么多保险吗?"这句话虽听起来扎心,却也在一定程度上反映了行业状况。

销售误导是保险行业形象不佳的原因之一。好在近些年来发生着积极的变化,越来越多的同行致力于把保险讲清楚、讲明白、讲实在。

我认为,这个过程中有两个堪称里程碑的事件。

第一,法律出版社出版的《大额保单操作实务》一书面世。这本书打破了保险"离婚不分,欠债不还"等广为流传的谣言。虽然在这本书出版之前也有业内人士和法律专业人士尝试过解释相关问题,但真正让保险从业者广为认识和接受的,还是这本书。

第二,张新征医生录制推出了系列视频《55节课成为80种重疾条款解读高手》。这55节课纠正了重大疾病保险(以下简称"重疾险")"确诊即赔"的错误认知,也澄清了重疾险是为帮消费者解决医疗费用的误解。同样,虽然在这之前也有人尝试做这些工作,但真正对保险从业者产生影响的是这55节课。

无论是《大额保单操作实务》,还是《55节课成为80种重疾条款解读高手》，都有一个共同特点，就是内容通俗易懂，正如我本人一直主张的"用人人都能听懂的话讲保险"。

如果你听过那 55 节课，一定会对主讲人全科医生张新征印象深刻。他不仅把像"天书"一样晦涩难懂的重大疾病定义讲得通俗易懂，还风趣幽默，寓教于乐。听他讲重疾险和重大疾病知识，是一种享受。

《55 节课成为 80 种重疾条款解读高手》系列视频上线的时候，保险行业通用的重大疾病定义还是 2007 年版的，如今已经是 2020 年版的了。张新征医生也及时更新录制了《33 节课让你成为新重疾条款解读高手》系列视频。

我一直在想，如果张新征医生能出一本书多好，因为视频虽然看起来轻松，却不方便翻阅和查询。在武效军老师的倡议和推动下，这本书终于诞生了，我也有幸成为本书的创作参与者之一，算是为保险行业变得更好尽了一份力吧。

向我的老师张新征医生致敬！

祝保险行业越来越好！

愿所有人都能拥有足够的保障和美满的人生！

陈凤山

2023 年 3 月 16 日于杭州

序 二

对于重疾险,一开始我也是有误解的。十年前,一次在医院值夜班的时候,有一位保险代理人向我推荐重疾险。当时她介绍说,一旦生病,重疾险可以给你很多钱让你用于治疗。听完介绍,我拿过保险合同粗略一看,其中所列的各种条款十分苛刻,可以说,你根本无法在需要钱看病的时候拿到赔偿款。我非常生气,在心里对保险有一种很不好的印象。

2018年左右,一个偶然的机会,我得知重疾险竟是由我的同行、南非的心胸外科医生马里尤斯·巴纳德(Marius Barnard)发明的。这引起了我的兴趣,因为巴纳德医生是一位我们很尊敬的医学界前辈。这样一位医学前辈居然会发明一种保险,背后一定有值得我们深究的原因。

经过多方查证,翻阅了无数资料,我终于在国家图书馆的故纸堆中找到了巴纳德医生公开讲话的记录。在这份珍贵的资料里,巴纳德医生讲述了他发明重疾险的前因后果。我这才明白,一直以来我都误解了重疾险。重疾险并不是用来帮助没钱看病的人看病用的,而是给那些身患重病不能工作、必须好好休养才有机会活下来的人一笔救命钱,是为了让他们即使无法工作也有钱支付房贷和生活费用,养孩子、养老人。重疾险存在的意义,就是让人在得到好的治疗后,还能安心休养,即使面对严重的疾病也有较大活下去的机会。

了解了巴纳德医生发明重疾险的原因，才让我认识到重疾险的伟大之处。说实话，作为一名医生，以前我完全忽略了有些患者出院后没有安心休养是由沉重的生活负担所致，只会埋怨他们"不听医生的建议、不好好休息，让医生辛苦治疗的成果毁于一旦"。这就是我远不如巴纳德医生的地方啊。

　　重疾险之所以遭到误解，一方面是我们对于重疾险的作用，也就是巴纳德医生发明重疾险的初衷没有搞清楚；另一方面是重疾险合同的条款里的确存在非常多的医学术语，给人们理解它造成了一定困难。我想要解除大众对重疾险的误解，所以就有了这样一本书的诞生。我希望大家能真正了解巴纳德医生发明重疾险的目的，了解这种保险的作用；也希望通过我的科普，保险从业人员能在有趣、深入浅出的讲解中，了解与重疾险相关的医学知识，从而对销售重疾险和提高自己的业务水平有所助益。

　　考虑到这是一本保险书，书中所涉及的疾病名称和相关名词，均以《重大疾病保险的疾病定义使用规范（2020年修订版）》（以下简称"新规范"）和保险合同为准。

　　医院的医生和保险公司的"财务医生"携手并肩，可以让更多人在面临生死的时候有更大的机会活下来。生命是最宝贵的，全方位呵护生命，帮助人们获得最大的生存机会和更加幸福长寿的人生，是一项多么值得为之努力的事业，不是吗？

张新征
2023年3月16日于深圳

目 录

第一章　　恶性肿瘤（重度和轻度）　　001
　　认识恶性肿瘤与癌　　003
　　怎样才算"重度"恶性肿瘤　　005
　　原位癌与"六君子癌"不属于"恶性肿瘤——重度"　　007
　　"六君子癌"怎么赔　　009
　　甲状腺癌不赔了吗　　009
　　可怕型癌症与可爱型癌症　　010
　　巴菲特和乔布斯该怎么理赔　　012
　　"恶性肿瘤——重度"的理赔要点　　013
　　小贴士：预防恶性肿瘤的十二个忠告　　013

第二章　　急性心肌梗死（较重和较轻）　　017
　　认识急性心肌梗死　　019
　　急性心肌梗死的诊断标准　　020
　　怎样才算"较重"急性心肌梗死　　025
　　造成急性心肌梗死"较轻"的原因　　027
　　按秒计算的救治手段　　028
　　较重急性心肌梗死的理赔要点　　028
　　小贴士：预防急性心肌梗死的六个原则　　029

第三章　　脑中风后遗症（严重和轻度）　　031
　　认识脑中风　　033
　　出血性脑中风与缺血性脑中风　　033

	脑中风的诊断依据——CT 与 MRI	034
	为什么要求确诊 180 天后仍然留有后遗症	035
	脑中风临床分期及表现	036
	严重脑中风后遗症的判定标准	037
	轻度脑中风后遗症的理赔	039
	脑中风的治疗时间及预防	040
	严重脑中风后遗症的理赔要点	042
	小贴士：预防脑中风的六个要点	042
第四章	**重大器官移植术或造血干细胞移植术**	**045**
	认识重大器官	047
	器官移植的原理	048
	特殊的小肠移植	049
	什么是造血干细胞移植术	050
	重疾险为什么不保障胃移植	052
	选择器官移植的原则	052
	理赔的关键——手术之后	053
	重大器官移植术或造血干细胞移植术的理赔要点	054
	小贴士：器官移植术后康复的三个要点	054
第五章	**冠状动脉搭桥术（或称冠状动脉旁路移植术）**	**057**
	认识冠心病	059
	冠心病与急性心肌梗死的区别	060
	冠心病的治疗方法	061
	切开心包与开胸的区别	064
	冠状动脉搭桥术的理赔要点	066
	小贴士：冠状动脉搭桥术后康复的六个要点	066

目 录

第六章　严重慢性肾衰竭　069
　　认识慢性肾衰竭　071
　　衡量肾功能的三个指标　072
　　慢性肾脏病的分期　074
　　什么是透析治疗　076
　　严重慢性肾衰竭的理赔要点　079
　　小贴士：防治肾衰竭的四个要点　079

第七章　多个肢体缺失　081
　　保障多个肢体缺失的意义　083
　　多个肢体缺失的疾病定义要点　083
　　断离肢体的保存　085
　　神奇的再植术　085
　　多个肢体缺失的理赔要点　087
　　小贴士：肢体残疾患者家属的四个责任　087

第八章　急性重症肝炎或亚急性重症肝炎　089
　　肝脏的主要功能　091
　　五种病毒性肝炎　092
　　血清学与病毒学检查　095
　　申请理赔必须满足哪些条件　096
　　急性重症肝炎或亚急性重症肝炎的理赔要点　100
　　小贴士：急性肝炎患者的五个注意事项　100

第九章　严重非恶性颅内肿瘤　103
　　认识非恶性颅内肿瘤　105
　　非恶性颅内肿瘤的确诊依据与治疗方法　107
　　哪些疾病不在非恶性颅内肿瘤的理赔范围内　108
　　手机"陪睡"是恶性颅内肿瘤的危险诱因　109

	严重非恶性颅内肿瘤的理赔要点	**110**
	小贴士：开颅手术术后的十三个注意事项	**111**

第十章　严重慢性肝衰竭　　**113**

	慢性肝衰竭是如何形成的	**115**
	诊断肝硬化的两个标准	**117**
	严重慢性肝衰竭的确诊依据	**119**
	重疾险不保障的肝衰竭	**122**
	严重慢性肝衰竭的理赔要点	**123**
	小贴士：肝硬化晚期患者的五个生活注意事项	**123**

第十一章　严重脑炎后遗症或严重脑膜炎后遗症　　**125**

	认识脑炎、脑膜炎	**127**
	诊断脑炎或脑膜炎必须做的检查	**129**
	罹患脑炎或脑膜炎的严重后果	**129**
	脑炎后遗症或脑膜炎后遗症怎样才算"严重"	**130**
	引发脑炎后遗症的原因	**132**
	儿童是脑炎后遗症的高发群体	**132**
	严重脑炎后遗症或严重脑膜炎后遗症的理赔要点	**133**
	小贴士：如何在早期发现脑膜炎	**133**

第十二章　深度昏迷　　**135**

	认识昏迷	**137**
	如何判定深度昏迷	**138**
	深度昏迷是植物人吗	**140**
	临床上有哪些生命维持系统	**142**
	深度昏迷的理赔要点	**144**
	小贴士：深度昏迷患者苏醒的先兆	**144**

第十三章　双耳失聪　145

- 耳朵是如何听到声音的　147
- 传音性耳聋与神经性耳聋　148
- 重疾险保障的双耳失聪　150
- 双耳失聪的检测方法　151
- 失聪的治疗方法——助听器　153
- 双耳失聪的理赔要点　153
- 小贴士：助听器保养的三个要点　154

第十四章　双目失明　155

- 眼球的基本结构　157
- 视力受损程度的诊断　159
- 重疾险保障的双目失明　160
- 双目失明的理赔要点　162
- 小贴士：失明患者需要学会的五件事　163

第十五章　瘫痪　165

- 认识瘫痪　167
- 与瘫痪有关的疾病　168
- 瘫痪的检查和诊断　170
- 重疾险保障的瘫痪　170
- 令人惊叹的外骨骼　171
- 瘫痪的理赔要点　172
- 小贴士：瘫痪患者护理应注意的五个方面　173

第十六章　心脏瓣膜手术　175

- 认识心脏瓣膜　177
- 心脏瓣膜关闭不全与瓣膜狭窄　178
- 心脏瓣膜疾病的诊断与治疗方法　180

	心脏瓣膜手术的理赔要点	**182**
	小贴士：心脏瓣膜术后的四个注意事项	**182**
第十七章	**严重阿尔茨海默病**	**185**
	大脑如何进行记忆工作	**187**
	认识阿尔茨海默病	**188**
	记忆的消失	**190**
	如何诊断阿尔茨海默病	**190**
	阿尔茨海默病的确诊依据	**191**
	阿尔茨海默病的理赔要点	**192**
	小贴士：预防阿尔茨海默病的三个原则	**193**
第十八章	**严重脑损伤**	**195**
	认识脑的组织结构	**197**
	脑损伤是什么	**198**
	发生脑损伤会有哪些症状	**199**
	脑损伤的诊断与黄金救治时间	**200**
	过了180天等待期才能理赔	**201**
	严重脑损伤的理赔要点	**201**
	小贴士：脑损伤的急救步骤	**202**
第十九章	**严重原发性帕金森病**	**203**
	认识帕金森病	**205**
	帕金森病与阿尔茨海默病的区别	**207**
	早期的帕金森病有哪些症状	**207**
	什么是原发性帕金森病	**208**
	帕金森病的诊断与治疗方法	**209**
	严重原发性帕金森病的理赔要点	**210**
	小贴士：预防帕金森病的注意事项	**210**

第二十章　严重 III 度烧伤　　213

认识 III 度烧伤　　215

临床上成人烧伤程度的判定标准　　217

烧伤面积如何计算　　218

严重 III 度烧伤的理赔要点　　220

小贴士：烧烫伤应急处理五步法　　220

第二十一章　严重特发性肺动脉高压　　223

如何理解特发性　　225

认识特发性肺动脉高压　　225

特发性肺动脉高压的分期　　227

如何诊断肺动脉高压　　228

严重特发性肺动脉高压的理赔条件　　230

重疾保险金能够给治疗以希望　　231

严重特发性肺动脉高压的理赔要点　　232

小贴士：肺动脉高压常见的症状　　232

第二十二章　严重运动神经元病　　235

运动神经元病是什么　　237

残酷的运动神经元病——渐冻症　　238

渐冻症发病的过程　　239

严重运动神经元病的理赔条件　　241

渐冻症、帕金森病和阿尔茨海默病的区别　　242

渐冻症患者的福音　　243

严重运动神经元病的理赔要点　　244

小贴士：渐冻症的三种早期征兆　　244

第二十三章　语言能力丧失　　247

哪些情况会导致语言能力丧失　　249

语言能力丧失的分类及临床表现	249
语言能力丧失的诊断及理赔条件	250
重新交流的希望	252
语言能力丧失的理赔要点	252
小贴士：失语症的康复	252

第二十四章 重型再生障碍性贫血 255

认识再生障碍性贫血	257
导致再生障碍性贫血的原因	258
如何诊断再生障碍性贫血	259
再生障碍性贫血是如何形成的	259
对外周血象的指标要求	261
重型再生障碍性贫血的理赔要点	262
小贴士：再生障碍性贫血的预防	262

第二十五章 主动脉手术 265

认识主动脉	267
主动脉疾病和主动脉创伤的分类	268
主动脉夹层与主动脉瘤是如何产生的	269
主动脉疾病的手术治疗	271
主动脉手术的理赔要点	272
小贴士：主动脉夹层动脉瘤的预防三要素	273

第二十六章 严重慢性呼吸衰竭 275

重疾险为什么要保障严重慢性呼吸衰竭	277
认识慢性阻塞性肺疾病	278
严重慢性呼吸衰竭的理赔条件	279
慢阻肺和哮喘有什么区别	281
严重慢性呼吸衰竭的理赔要点	283

小贴士：预防慢阻肺的五个建议　　　　　　　　**284**

第二十七章　严重克罗恩病　　　　　　　　　　287
　　认识克罗恩病　　　　　　　　　　　　　　**289**
　　克罗恩病造成的危害　　　　　　　　　　　**290**
　　克罗恩病的诊断及治疗方法　　　　　　　　**291**
　　克罗恩病的分期　　　　　　　　　　　　　**292**
　　克罗恩病与溃疡性结肠炎有什么区别　　　　**293**
　　严重克罗恩病的理赔要点　　　　　　　　　**294**
　　小贴士：罹患克罗恩病后的五个注意事项　　**294**

第二十八章　严重溃疡性结肠炎　　　　　　　　297
　　认识溃疡性结肠炎　　　　　　　　　　　　**299**
　　溃疡性结肠炎的症状　　　　　　　　　　　**300**
　　严重溃疡性结肠炎的诊断及理赔条件　　　　**301**
　　人体的细菌航母　　　　　　　　　　　　　**303**
　　严重溃疡性结肠炎的理赔要点　　　　　　　**304**
　　小贴士：早期炎症性肠病的五种症状　　　　**305**

结　语　重疾无忧——追溯重疾险的初心　　　307
　　重疾险的诞生　　　　　　　　　　　　　　**308**
　　理解重疾险保障的核心　　　　　　　　　　**311**
　　重疾险的理赔纠纷　　　　　　　　　　　　**316**
　　重疾险的"轻"与"重"　　　　　　　　　**318**

第一章
恶性肿瘤
（重度和轻度）

恶性肿瘤——重度

指恶性细胞不受控制地进行性增长和扩散，浸润和破坏周围正常组织，可以经血管、淋巴管和体腔扩散转移到身体其他部位，病灶经组织病理学检查（涵盖骨髓病理学检查）结果明确诊断，临床诊断属于世界卫生组织（WHO，World Health Organization）《疾病和有关健康问题的国际统计分类》第十次修订版（ICD-10）的恶性肿瘤类别及《国际疾病分类肿瘤学专辑》第三版（ICD-O-3）的肿瘤形态学编码属于3、6、9（恶性肿瘤）范畴的疾病。

下列疾病不属于"恶性肿瘤——重度"，不在保障范围内：

（1）ICD-O-3肿瘤形态学编码属于0（良性肿瘤）、1（动态未定性肿瘤）、2（原位癌和非侵袭性癌）范畴的疾病，如：

a. 原位癌，癌前病变，非浸润性癌，非侵袭性癌，肿瘤细胞未侵犯基底层，上皮内瘤变，细胞不典型性增生等；

b. 交界性肿瘤，交界恶性肿瘤，肿瘤低度恶性潜能，潜在低度恶性肿瘤等；

（2）TNM分期为Ⅰ期或更轻分期的甲状腺癌；

（3）TNM分期为$T_1N_0M_0$期或更轻分期的前列腺癌；

（4）黑色素瘤以外的未发生淋巴结和远处转移的皮肤恶性肿瘤；

（5）相当于Binet分期方案A期程度的慢性淋巴细胞白血病；

（6）相当于Ann Arbor分期方案Ⅰ期程度的何杰金氏病；

（7）未发生淋巴结和远处转移且WHO分级为G1级别（核分裂像<10/50 HPF和ki-67≤2%）或更轻分级的神经内分泌肿瘤。

恶性肿瘤——轻度

指恶性细胞不受控制地进行性增长和扩散，浸润和破坏周围正常组织，可以经血管、淋巴管和体腔扩散转移到身体其他部位，病灶经组织病理学检查（涵盖骨髓病理学检查）结果明确诊断，临床诊断属于世界卫生组织（WHO，World Health Organization）《疾病和有关健康问题的国际统计分类》第十次修订版（ICD-10）的恶性肿瘤类别及《国际疾病分类肿瘤学专辑》第三版（ICD-O-3）的肿瘤形态学编码属于3、6、9（恶性肿瘤）范畴，但不在"恶性肿瘤——重度"保障范围的疾病。且特指下列六项之一：

（1）TNM分期为Ⅰ期的甲状腺癌；

（2）TNM分期为$T_1N_0M_0$期的前列腺癌；

（3）黑色素瘤以外的未发生淋巴结和远处转移的皮肤恶性肿瘤；

（4）相当于Binet分期方案A期程度的慢性淋巴细胞白血病；

（5）相当于Ann Arbor分期方案Ⅰ期程度的何杰金氏病；

（6）未发生淋巴结和远处转移且WHO分级为G1级别（核分裂像<10/50 HPF和ki-67≤2%）的神经内分泌肿瘤。

下列疾病不属于"恶性肿瘤——轻度"，不在保障范围内：

ICD-O-3肿瘤形态学编码属于0（良性肿瘤）、1（动态未定性肿瘤）、2（原位癌和非侵袭性癌）范畴的疾病，如：

a. 原位癌，癌前病变，非浸润性癌，非侵袭性癌，肿瘤细胞未侵犯基底层，上皮内瘤变，细胞不典型性增生等；

b. 交界性肿瘤，交界恶性肿瘤，肿瘤低度恶性潜能，潜在低度恶性肿瘤等。

认识恶性肿瘤与癌

人体包含大约 40 万亿～60 万亿个细胞，正常情况下，这些细胞会按照一定的方式和速度新生、成长、衰老、死亡，有规律地进行新陈代谢，以维持机体的正常功能，满足人体的生理需要。比如，一个人手指上的皮肤受伤开裂，局部细胞就会开始增生；一旦伤口愈合，细胞就会停止增生。

当人体长期受某些因素的影响时，比如精神刺激、激素失调、免疫功能低下以及其他物理或化学刺激等，某些组织器官的细胞可能就会发生改变，出现过度增生和异常分化。正常的细胞在成熟以后可以分化成为不同类型且具有特定功能的细胞，当接收到特定信号时，它们会停止分裂，或者启动程序性死亡或凋亡的新陈代谢过程；而有些细胞可以通过影响周围正常细胞、分子以及血管来为自身提供养料，使自己不受约束地增长，越来越多。这样的细胞就是肿瘤细胞。肿瘤细胞组成的细胞团，就是肿瘤。

如果肿瘤只是待在原地不动，而且不会侵袭、破坏周围的机体组织，这样的肿瘤就是良性肿瘤。良性肿瘤一般生长比较缓慢，容易治疗，且不会对人体造成大的伤害。

许多人误认为良性肿瘤和恶性肿瘤是肿瘤的不同发展阶段，实际上并非如此。恶性肿瘤是由恶性肿瘤细胞组成的细胞团。虽然恶性肿瘤和良性肿瘤一样能不受控制地增长，但二者有两个不同点。

第一个不同点是，恶性肿瘤会"浸润和破坏周围正常组织"。打个比方，良性肿瘤就像一棵树，自己安静地生长，不会主动攻击周边的事物；恶性肿瘤则像一只老虎，会跟其他动物抢地盘（侵袭周围的局部组织，即浸润），还会主动攻击别的动物（破坏周围正常组织）。

第二个不同点是，恶性肿瘤会转移和扩散。我们仍以树和老虎打比方，树（良性肿瘤）不会挪动地方，只在原地扎根、生长；老虎（恶性肿瘤）就不一样了，它会四处乱窜，到处抢地盘、搞破坏。

恶性肿瘤转移的方式有四种。第一种是浸润，就近抢夺周围组织器官的地盘；第二种是顺着血管跑，即血管转移；第三种是顺着淋巴管跑，即淋巴转移；第四种是体腔转移，比如它本来长在肝脏上，某一天可能会突破肝脏的包膜，掉落到肠道上。

恶性肿瘤之所以可怕，就在于它既有破坏性，又会到处转移。

总结一下，凡是具有"不断增长"这个特质的细胞，就叫肿瘤细胞，具有破坏性和转移性的肿瘤细胞就叫恶性肿瘤细胞。

医学上，我们把来源于上皮组织的恶性肿瘤称为"癌"，上皮组织指的是皮肤或腔道的表层；把来源于间叶组织的细胞称为"肉瘤"，间叶组织的概念比较复杂，包括结缔组织、脂肪、肌肉、脉管、骨、软骨、淋巴组织和造血组织等。现实中肉瘤比较少见，大部分恶性肿瘤都是癌。因此，日常生活中，大家一般将恶性肿瘤称为"癌症"。

怎样才算"重度"恶性肿瘤

得了恶性肿瘤不一定能得到"恶性肿瘤——重度"的理赔款，因为重大疾病保险的疾病定义（以下简称"疾病定义"）还要求必须达到"重度"。那么，怎么才能判断恶性肿瘤是不是达到了"重度"呢？这一点在重疾险的销售和理赔实务中尤其重要，只有对"恶性肿瘤——重度"给出明确、客观的诊断标准，才能确定保险责任，减少理赔纠纷。

被保险人在申请理赔时，第一步要用特定的方法进行检查，第二步要看检查结果是否符合特定的要求。

特定的检查方法就是"组织病理学检查"，即从患者体内取出一块病变组织，对其进行一定的技术处理后，放在显微镜下看，找一找里面有没有恶性肿瘤细胞。

医学上有三种办法可以取出病变组织。第一种是做手术切一块病变组织；第二种是钳取，就是做内镜检查（如胃镜、肠镜、膀胱镜、喉镜、阴道镜等）的时候，顺着器械管道伸进去一个活检钳，然后夹一块病变组织出来；第三种是穿刺。

临床医学中有两种穿刺方法。一种是细针穿刺，细针的针头大小跟我们平时注射时使用的针头一样。由于它只能取出少量的组织碎片，而无法取出一块完整的组织，可能会导致给出的诊断结果比较笼统。另一种是粗针穿刺，粗针有点像"洛阳铲"，一针下去，能取出一块长条形的组织。与细针穿刺相比，粗针穿刺能够提供更充分的病理学诊断依据，给出的诊断结果自然准确度更高。

与组织病理学检查相对的是细胞病理学检查，即采集病变部位的脱落细胞、体腔积液，从中分离出病变细胞进行检查，常见的有宫颈涂片、胸腹水穿刺，以及在肺癌患者的痰液里找癌细胞等。需要注意的是，细胞病理学检查的结果是不能作为理赔依据的。

疾病定义中，组织病理学检查是涵盖骨髓病理学检查的，后者是指取患者的少量骨髓进行检查，检查方法与前者相同。

被保险人想获得理赔款，除了要按特定的方法进行检查，还要看检查结果是否符合特定的要求。

首先，检查结果要能在《疾病和有关健康问题的国际统计分类》第十次修订版（ICD-10）的恶性肿瘤类别中找到。如果找到了，就说明患者得了"恶性肿瘤"，但还不能确定是不是"重度"的。

其次，要看检查结果在《国际疾病分类肿瘤学专辑》第三版（ICD-O-3）中的编码。编码的倒数第二位是"肿瘤形态学编码"，如果编码是"3、6、9"中的一个，患者的恶性肿瘤就是"重度"的。"3、6、9"分别对应"原发性恶性肿瘤""转移性恶性肿瘤""无法确定是原发性还是转移性恶性肿瘤"。

疾病编码规则有很多，也比较复杂，我们举个例子简单做个介绍（见图1-1）。比如，肺上叶低分化鳞状细胞癌在ICD-10中的编码是C34.1，其中"C34"指的是肺癌，"1"指的是上叶。在ICD-O-3中，该疾病的编码是M8070/33，其中"807"指的是鳞状细胞，"0"指的是非角化的鳞状细胞，斜线后的第一个数字就是肿瘤形态学编码。本例中，斜线后的前一个"3"指的是原发性恶性肿瘤，后一个"3"指的是低分化。

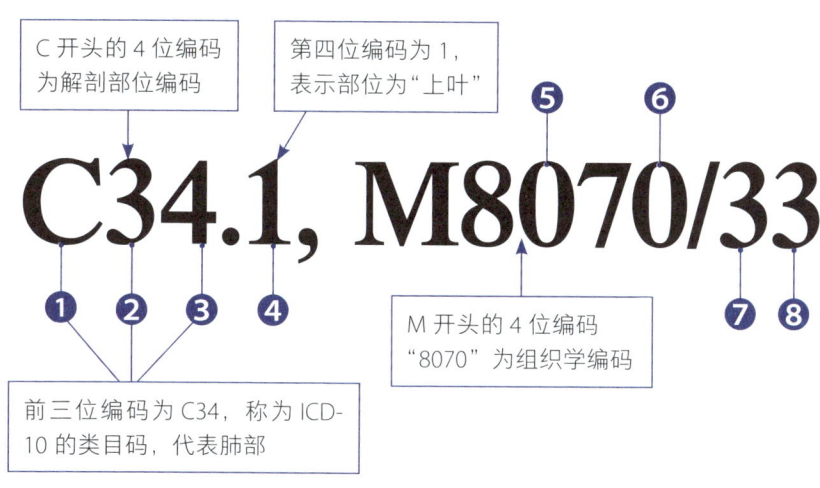

图 1-1　肺上叶低分化鳞状细胞癌疾病编码规则示例

我们没必要搞清楚每个编码的意思，理赔时，只需要看斜线后的第一个数字就可以了。那么，如果这个数字是"3、6、9"中的一个，是不是就一定可以理赔呢？不，还有例外。

原位癌与"六君子癌"不属于"恶性肿瘤——重度"

为了进一步明确保险责任，减少在理赔时可能发生的纠纷，疾病定义详细列出了不属于"恶性肿瘤——重度"保障范围的疾病，一共有七种。我们把这七种疾病分为两类。

第一类，就是指第一种，"ICD-O-3 肿瘤形态学编码属于 0（良性肿瘤）、1（动态未定性肿瘤）、2（原位癌和非侵袭性癌）范畴的疾病"。其实，既然前面要求了理赔要满足"《国际疾病分类肿瘤学专辑》第三版（ICD-O-3）的肿瘤形态学编码属于 3、6、9（恶性肿瘤）范畴"，再做这个说明显得没有必要。不过，由于人们在实务中对条款的理解容易产生纠纷，做这个显得"多余"的说明还是有必要的。

良性肿瘤，我们在前面说过了，它和恶性肿瘤是两码事，这个不赔没有问题；动态未定性肿瘤，就是不确定肿瘤是良性的还是恶性的，这个不赔也好理解。

问题是"原位癌和非侵袭性癌"，既然叫"癌"，那肯定是恶性肿瘤，为什么还不赔？答案是，因为没有达到"重度"。

原位癌的转移非常缓慢，破坏性也比较小，还没有发展到危害其他组织器官的程度。你肯定吃过橘子，有的橘子存放时间长了，表皮会长黑斑，但把橘子皮剥掉，里面的果肉还是好的，依旧可以吃。原位癌就像是橘子表皮上的黑斑。原位癌治疗起来比较容易，患者只需要把病灶切除就行，治疗后也不用长期休养，它对患者生活和工作的影响很小。

非侵袭性癌和原位癌的性质是一样的。

第二类，包括其余六种。和第一类不同，这六种疾病的 ICD-O-3 肿瘤形态学编码属于 3、6、9，那为什么仍然不能理赔？归根结底，还是没有达到"重度"。它们都是早期恶性肿瘤，容易治、危害小，我把它们称为"六君子癌"。

相对于第一类，"六君子癌"还是要严重一些的，虽然无法按照本条疾病定义理赔，但可以按照重疾险保障的轻度疾病——"恶性肿瘤——轻度"理赔。接下来我们就来看看"六君子癌"。

"六君子癌"怎么赔

"六君子癌",分别指甲状腺癌、前列腺癌、皮肤恶性肿瘤、慢性淋巴细胞白血病、何杰金氏病、神经内分泌肿瘤这六种疾病。需要注意的是,这六种疾病只在发展早期才算在"恶性肿瘤——轻度"理赔范围内。在"恶性肿瘤——轻度"的疾病定义中,这六种疾病前面长长的定语都可以简单地理解为"早期"。在实务中,这六种疾病如果过了早期,发展得更为严重,也是可以按照"恶性肿瘤——重度"来理赔的。但我想,应该没有人会为了让保险公司多赔点钱,而故意拖延恶性肿瘤的治疗吧。

至于在哪个阶段才能按照轻度疾病理赔,疾病定义有明确的说明。我们不需要完全弄清楚这些说明文字,遇到这六种疾病时,拿着诊断报告和保险合同对照一下就行了。

甲状腺癌不赔了吗

这六种疾病里值得详细说一说的是甲状腺癌。新规范发布后,坊间流传"甲状腺癌不赔了",这是不对的。只不过,按照《重大疾病保险的疾病定义使用规范》(以下简称"旧规范")的规定,只要被保险人得了甲状腺癌就会按照"重度疾病"理赔(旧规范中没有"重度疾病"和"轻度疾病"的区分,对重大疾病的定义全部是指重度疾病),以致有人因此称它为"喜癌"——病情无关痛痒,做个小手术就解决了,却能通过重疾险的理赔拿到一大笔钱。

新规范把"TNM 分期为 I 期或更轻分期的甲状腺癌"放到了轻度疾病里,也能进行理赔,只不过赔得少一些。说到这里,我们来了解一下 TNM 分期，它是目前判断肿瘤医学分期的国际通用标准。

T（"T"是肿瘤一词英文"tumor"的首字母）指肿瘤原发灶的情况，随着肿瘤体积的增加和邻近组织受累范围的增加，依次用 $T_1 \sim T_4$ 表示。

N（"N"是淋巴结一词英文"node"的首字母）指区域淋巴结（regional lymph node）受累情况。淋巴结未受累时，用 N_0 表示。随着淋巴结受累程度和范围的增加，依次用 $N_1 \sim N_3$ 表示。

M（"M"是转移一词英文"metastasis"的首字母）指远处转移（通常是血道转移），没有远处转移者用 M_0 表示，有远处转移者用 M_1 表示。

甲状腺癌是一种常见的癌症，主要可以分为四种类型：甲状腺乳头状癌、甲状腺滤泡状癌、甲状腺髓样癌和甲状腺未分化癌。其中，甲状腺乳头状癌和甲状腺滤泡状癌的病程进展比较缓慢，危害特别小。如果患者小于 55 岁，只要没有远处转移（M_0），即为"TNM 分期为 I 期的甲状腺癌"；如果患者达到 55 岁，要同时满足 T_1 或 T_2、N_0 或 N_X（X 代表无法评估）、M_0 才算 I 期。甲状腺髓样癌只有 $T_1N_0M_0$ 才算 I 期。甲状腺未分化癌则根本就没有 I 期，直接就是 IV 期。

因此，新规范并非不赔甲状腺癌，而是要求达到一定程度的甲状腺癌才能按照"恶性肿瘤——重度"理赔。

可怕型癌症与可爱型癌症

从旧规范到新规范，保障恶性肿瘤患者生活和休养的目的没有改变。重疾险的发明人巴纳德医生说:"我们需要重疾险,不是因为我们要死,而是因为我们想好好活着。"巴纳德医生从没说过发明重疾险是为了赔付医疗费用。

那"六君子癌"并不会导致失能,为什么重疾险要保呢?因为癌症简单理解可以分为两大类,一类叫作可怕型癌症,具有潜在杀伤力,得了这种癌症,如果不管它,可能会危及生命;另一类叫作可爱型癌症,虽然"可爱",但有要人性命的能力,只是早期比较容易治愈。"六君子癌"虽然初期伤害不大,但是如果放任不管,迟早会夺走我们的生命。

在制定旧规范时,癌症临床医学的经验还没有那么丰富,没有区分可怕型癌症和可爱型癌症,而是将它们一起归入恶性肿瘤。这样做的结果就是,得了恶性肿瘤的人居然可以通过重疾险"赚"到钱,这属于重疾险规定的不严谨,新规范对它进行了合理修复。

原位癌与"六君子癌"非常相似,虽然不在"恶性肿瘤——轻度"的保障范围内,但市场上大多数重疾险产品都会保障原位癌。

另外,虽然良性肿瘤、交界性肿瘤、非侵袭性肿瘤、上皮内瘤变等,都不具有恶性肿瘤的特征,但市面上的重疾险产品也都会将其作为轻度疾病提供保障。

我们把"恶性肿瘤——轻度"和原位癌放在一起,做个简单的总结:

> 人有畏虎心,虎无伤人力。——轻度癌症听着挺可怕,但是这只"老虎"没有伤人的力量。
>
> 癌中六君子,医学惰性瘤。——医生通常称"六君子癌"为惰性癌症。

小虎也是虎，清除要彻底。——原位癌是"小老虎"，但是长大后具有杀伤力。

擒虎早入笼，还有机会补。——如果任由癌症发展，早晚会要命。早发现早治疗，如果重疾险保额足够高，待医疗水平提高，还有机会延续生命。

如果是只猫，怕都不用怕。——在ICD-O-3肿瘤形态学编码属0、1、2的疾病中，除了原位癌，其余都相对安全。

随它瞎折腾，拆家不伤命。——"小猫咪"没有杀伤力，即使不做化疗，后续病情也不会很严重。

巴菲特和乔布斯该怎么理赔

巴菲特所患的前列腺癌、乔布斯所患的神经内分泌肿瘤都是符合轻度疾病定义的，也就是说，他们如果买了中国的重疾险，可以按照"恶性肿瘤——轻度"进行理赔。两人患的癌症都属于"六君子癌"，但命运却完全不同，这又是为什么呢？

巴菲特于1930年出生，2012年被诊断为前列腺癌，但是万幸，他所患的正是"恶性肿瘤——轻度"中的早期前列腺癌。这种癌不属于严重的恶性肿瘤，所以并没有对他造成多大的伤害。他说过，癌症对他的工作没有造成任何影响。这种癌症的治愈率非常高，所以巴菲特很幸运。

和坊间传闻不同，乔布斯患的并不是胰腺癌，而是胰腺上长了一种神经内分泌肿瘤，早期做个手术切除就可以了，基本不会影响工作和生活。但为什么乔布斯那么早就离开人世了呢？因为乔布斯不听医生的建议，没有做切除手术，反而自信地认为气功、瑜伽、草药可以治愈他的病。其实这些都是用来养生的，不能用来直接治疗疾病。得了疾病应该听从医生的建议，该做手术就做手术。但是，乔布斯固执地拒绝了医生让他切除肿瘤的建议，最终把神经内分泌肿瘤从早期的 G1 级别拖到了 G2、G3 级别。"恶性肿瘤——轻度"保的就是 G1 级别的神经内分泌肿瘤，而 G2、G3 级别就属于"恶性肿瘤——重度"了。上海市抗癌协会青年理事会副理事长、复旦大学附属肿瘤医院胰腺外科主任医师龙江曾经讲过："乔布斯抓住了商机，却错失了肿瘤治疗良机。"

"恶性肿瘤——重度"的理赔要点

理赔时机：拿到组织病理学诊断报告之后，即可申请理赔。

核心材料：组织病理学诊断报告。

理赔依据：诊断结果的 ICD-O-3 编码倒数第二位为 3、6、9。

特别注意：如果确诊得的是甲状腺癌、前列腺癌、皮肤恶性肿瘤、慢性淋巴细胞白血病、何杰金氏病、神经内分泌肿瘤这"六君子癌"，要看其临床分期。

预防恶性肿瘤的十二个忠告

恶性肿瘤不管是轻度的还是重度的，得了都会给患者本人及其家庭带来很大的影响和冲击。那么如何预防恶性肿瘤呢？给大家十二个忠告。

1. 远离烟草
避免任何形式的吸烟,也不要咀嚼槟榔。

2. 预防感染
乙肝病毒、丙肝病毒、艾滋病病毒、人乳头瘤病毒、人类疱疹病毒、幽门螺杆菌、血吸虫等,即使是携带者,也要早诊早治。

3. 保持正常的体重
身体过多的脂肪会影响激素水平,或者堆积在腰腹刺激细胞生长因子,增加罹患癌症的风险。正常亚洲成年男女的健康体重指数(BMI)①为 18.5～22.9。

4. 每天运动至少 30 分钟
运动有助于身体激素、胃肠功能和体重维持在正常水平,增加血液含氧量,促进身体废物代谢,从而降低患癌风险。任何类型的适量运动都是有益的。

5. 避免低纤维高脂肪食物和含糖饮料
低纤维、高脂肪、高热量的食物以及含糖饮料易导致体重增长,从而增加患癌风险。只要是使用新鲜原料科学烹饪的食物,即使是快餐,也是健康的。

6. 保证每日的蔬菜水果摄入
植物性食物能补充维生素和矿物质,其中丰富的化学活性物质可以保护细胞免受致癌因素破坏,纤维素促进胃肠消化,而且属于低热量食物。主食可选择谷类食物。

---

① 英文全称是 Body Mass Index,计算公式为 BMI = 体重(kg)/ 身高(m)^2。

7. 减少红肉①和避免加工肉类摄入

红肉所含的血铁质会破坏大肠内膜，研究证明这是导致大肠癌的原因之一。加工肉的烟熏、盐腌或添加防腐剂等手段均会致癌。

8. 限量饮酒

超过50g酒精就会增加肝脏代谢负担，而且酒精会破坏染色体和DNA，增加患癌风险。饮酒需限量，通常10～15g纯酒精相当于：一杯280mL的啤酒、淡啤酒（3%～5%酒精含量）；一小杯25mL的烈酒（40%酒精含量），如白酒或威士忌；一杯125mL的葡萄酒（12%～13%酒精含量）。

9. 低盐饮食

食物中过量的盐会破坏胃黏膜，导致胃癌发生。成人每天限盐6g，如果食物标签上仅标明钠的克数，乘以2.5就是食盐的重量了。含盐量过高的腌制食品要尽量少吃。

10. 不要使用营养补充剂预防癌症

有证据显示，过量的营养补充剂会增加癌症风险。虽然二者的关系尚需进一步研究，但最好的营养来自健康的食物。

11. 保持平常心态，心理健康

据临床统计，约90%的癌症与患者的心理、情绪有直接或间接关系。健康的心态和情绪可以增强脑皮质功能和整个神经系统的张力，提高免疫力，预防癌症发生。

---

① 红肉是营养学名词，主要指加工前呈现红色的肉，比如猪肉、牛肉、羊肉等，普遍含有较高的饱和脂肪。

12. 每年定期做防癌体检

防癌体检与普通健康体检不同，它是针对健康人群进行的以早期肿瘤排查和癌前病变探查为目的的检查，是癌症二级预防的主要手段。做到癌症"早发现、早治疗"，可减少患者痛苦，提高生存率，缓解经济压力。建议女性35岁、男性40岁以上的健康人群，以及20岁以上的高危人群每年定期到专业的防癌体检机构进行体检。

第二章

急性心肌梗死
(较重和较轻)

较重急性心肌梗死

急性心肌梗死指由于冠状动脉闭塞或梗阻引起部分心肌严重的持久性缺血造成急性心肌坏死。急性心肌梗死的诊断必须依据国际国内诊断标准，符合（1）检测到肌酸激酶同工酶（CK-MB）或肌钙蛋白（cTn）升高和／或降低的动态变化，至少一次达到或超过心肌梗死的临床诊断标准；（2）同时存在下列之一的证据，包括：缺血性胸痛症状、新发生的缺血性心电图改变、新生成的病理性Q波、影像学证据显示有新生成的心肌活性丧失或新出现局部室壁运动异常、冠脉造影证实存在冠状动脉血栓。

较重急性心肌梗死指依照上述标准被明确诊断为急性心肌梗死，并且必须同时满足下列至少一项条件：

（1）心肌损伤标志物肌钙蛋白（cTn）升高，至少一次检测结果达到该检验正常参考值上限的15倍（含）以上；

（2）肌酸激酶同工酶（CK-MB）升高，至少一次检测结果达到该检验正常参考值上限的2倍（含）以上；

（3）出现左心室收缩功能下降，在确诊6周以后，检测左室射血分数（LVEF）低于50%（不含）；

（4）影像学检查证实存在新发的乳头肌功能失调或断裂引起的中度（含）以上的二尖瓣反流；

（5）影像学检查证实存在新出现的室壁瘤；

（6）出现室性心动过速，心室颤动或心源性休克。

其他非冠状动脉阻塞性疾病所引起的肌钙蛋白（cTn）升高不在保障范围内。

较轻急性心肌梗死

急性心肌梗死指由于冠状动脉闭塞或梗阻引起部分心肌严重的持久性缺血造成急性心肌坏死。急性心肌梗死的诊断必须依据国际国内诊断标准，符合（1）检测到肌酸激酶同工酶（CK-MB）或肌钙蛋白（cTn）升高和／或降低的动态变化，至少一次达到或超过心肌梗死的临床诊断标准；（2）同时存在下列之一的证据，包括：缺血性胸痛症状、新发生的缺血性心电图改变、新生成的病理性Q波、影像学证据显示有新出现的心肌活性丧失或新出现局部室壁运动异常、冠脉造影证实存在冠状动脉血栓。

较轻急性心肌梗死指依照上述标准被明确诊断为急性心肌梗死，但未达到"较重急性心肌梗死"的给付标准。

其他非冠状动脉阻塞性疾病所引起的肌钙蛋白（cTn）升高不在保障范围内。

认识急性心肌梗死

心脏就像一个泵，给我们全身供血，而冠状动脉是给心脏供血的血管。当血管壁增厚、变硬、失去弹性而导致管腔狭窄的时候，冠状动脉就会逐渐堵塞。刚开始轻微堵塞，慢慢地会越堵越严重（见图 2-1）。当冠状动脉被完全堵塞时，心脏血液无法供应，得不到补给的心肌细胞就会全部死掉。这就是急性心肌梗死（Acute Myocardial Infarction，AMI）。

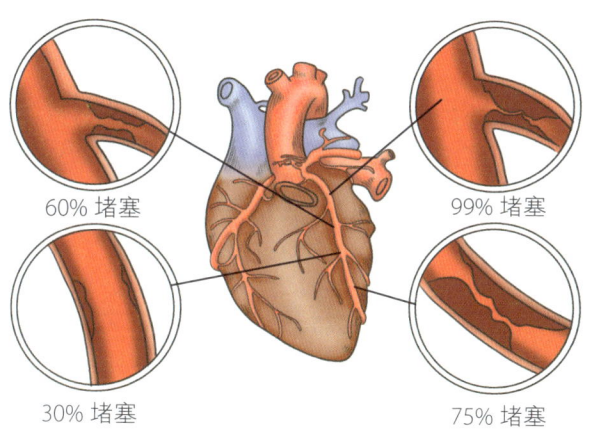

图 2-1　冠状动脉堵塞示意图

急性心肌梗死的诊断标准

首先，患者要进行抽血化验，目的是检测肌酸激酶同工酶（CK-MB）和肌钙蛋白（cTn）有没有升高或降低。冠状动脉被完全堵塞，心肌细胞得不到补给就会坏死，然后破裂，释放细胞里面的心肌酶和肌钙蛋白进入血液。因此，通过抽血化验，医生就可以知道有没有心肌细胞坏死。

心肌酶是存在于心肌细胞的多种酶的总称，包括肌酸激酶、肌酸激酶同工酶、乳酸脱氢酶、α-羟丁酸脱氢酶、谷草转氨酶等。肌酸激酶同工酶是心肌酶的一种，用于诊断患者是否为心肌梗死、心肌炎等疾病。此外，它还有助于评估患者心肌梗死面积的大小或心肌细胞坏死的严重程度。

肌钙蛋白由三种不同基因的亚基组成：心肌肌钙蛋白T（cTnT）、心肌肌钙蛋白I（cTnI）和肌钙蛋白C（TnC）。诊断急性心肌梗死通常参考cTnT或cTnI的血液含量。

患者在做抽血化验时需要注意时间。如果患者刚刚发生心肌梗死就做抽血化验，会发现这两个指标并没有升高。所以医生通常会要求患者做两次或两次以上的抽血化验，才可以确定有没有心肌细胞坏死。

肌酸激酶同工酶在一天之后开始下降，大约3天会恢复正常水平。心肌肌钙蛋白I在16个小时之后开始下降，5~10天会恢复正常水平。所以，如果患者抽血化验太晚，也会发现指标"正常"。

因此，患者在发病后想要在最佳时机记录这两个指标的变化，就必须在一天之内去医院做抽血化验（见表2-1）。

表 2-1　诊断急性心肌梗死的两个指标

cTnI	CK-MB
4～8 小时开始升高	3～8 小时开始升高
8～16 小时到达峰值	8～24 小时到达峰值
5～10 天恢复正常水平	大约 3 天恢复正常水平
AMI 诊断的"金标准"	早期诊断 AMI 并进行危险分层
AMI 判断梗死面积并进行危险分层	非 ST 段抬高的 AMI 最具价值标志物

确诊急性心肌梗死除了要检查这两个指标的变化，还要关注五个症状，只要发现有其中一个就可以了。

在五个症状中，缺血性胸痛是最容易被发现的。虽然叫胸痛，但实际它不是痛，更多的是压、闷、被束缚的感觉或者一种难以描述的不舒服，而不是像针扎、刀割、火烧似的疼痛。如果健康人想体验这种感觉，可以找一个几十斤的重物放在自己胸口，这种感觉就类似急性心肌梗死造成的缺血性胸痛。当这种感觉出现时，身体是一动都不敢动的，因为一动感觉会立刻加重，必须停下来休息，才会慢慢好转。只要患者告诉医生当时胸口有压、闷、被束缚的感觉，医生就会根据患者的口述把它写到病历上，这一项就满足了。

与缺血性胸痛相对应的是非缺血性胸痛，它的表现完全不一样，即越活动症状越减轻。比如，有人经常说胸痛，痛时得站起来，伸伸懒腰走两步，或者必须深呼吸，大喘几口气才能好。这种痛和心脏没关系，绝对不是缺血性胸痛。

需要注意的是，缺血性胸痛或其他与心脏有关的胸痛通常不会超过 30 分钟，超过 30 分钟很可能就是急性心肌梗死了，有猝死或休克的风险。如果听到有人说胸口每天疼十几个小时，疼了一个月了，这绝对不是与心脏有关的疼痛。

其实，只要满足了前面说的两个指标的变化，再加上缺血性胸痛症状，就可以诊断为急性心肌梗死了。

我们再来简单了解一下疾病定义中提到的其他四个症状。

1. 新发生的缺血性心电图改变

正常的心电图曲线应先直行平移，之后稍微向上走一点，再下来继续向前平移，然后突然上行，再突然下行，随后继续平移（见图 2-2）。这是一个循环反复的过程，代表着心脏平稳有规律地跳动。

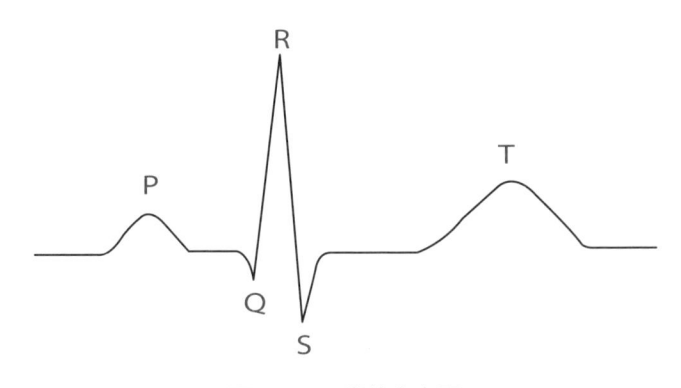

图 2-2　正常的心电图

急性心肌缺血患者的心电图发生的改变一般是平移下行的（见图 2-3）。

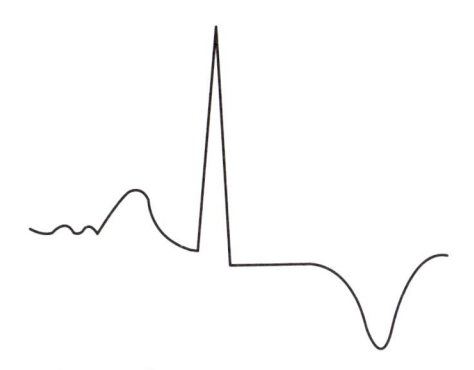

图 2-3　急性心肌缺血患者的心电图

急性心肌梗死患者的心电图改变更明显，表现为弓背向上打"小旗"（见图 2-4）。

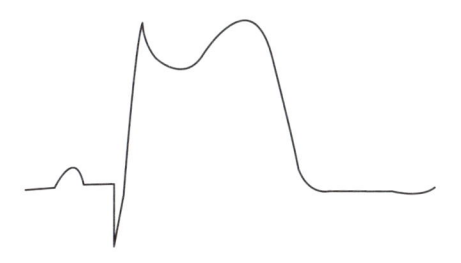

图 2-4　急性心肌梗死患者的心电图

2. 新生成的病理性 Q 波

我们再看看图 2-2 所示的那张正常的心电图，每个波形单元从左到右分别是 P、Q、R、S、T 波。

病理性 Q 波和正常的 Q 波相比又宽又深，宽度必须超过 30 毫秒，深度必须超过 1/4 的 R 波（见图 2-5）。

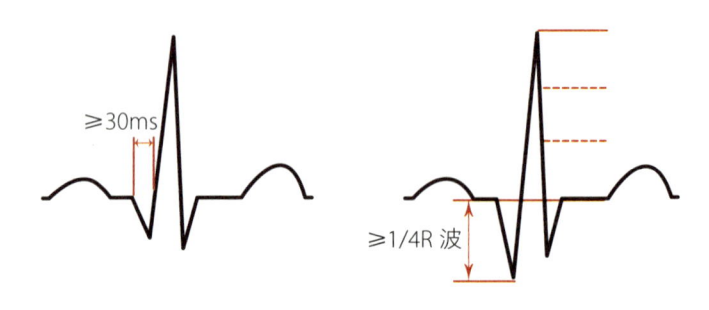

图 2-5　病理性 Q 波

3.影像学证据显示有新出现的心肌活性丧失或新出现局部室壁运动异常

心脏彩超一般会提示某一部分心肌可能出现过坏死，坏死的心肌没有办法和其他心肌一起协调心脏运动，使心室的心肌有一部分或者在一段时间内出现运动幅度的减弱，甚至是反向运动的情况。

4.冠脉造影证实存在冠状动脉血栓

冠脉造影就是用一根细如发丝的导管沿着桡动脉（手腕处）或股动脉（大腿处）的人为入口延行到心脏的冠状动脉开口处，然后把造影剂（能够在 X 线下显影）注入冠状动脉，这样冠状动脉内部的形态就可以显示出来。通过观察图像，医生就能看出冠状动脉有无堵塞、狭窄、斑块等。

综上所述，对于急性心肌梗死的确诊，只要满足血液中肌酸激酶同工酶或肌钙蛋白这两个指标有升高或降低的动态变化，再满足包含缺血性胸痛在内的五个症状中的任何一个就可以了。但是，仅确诊急性心肌梗死并不一定能按照重度疾病"较重急性心肌梗死"理赔，因为疾病定义还要求达到"较重"的程度。

怎样才算"较重"急性心肌梗死

我们已经了解"急性心肌梗死"这种疾病的发生与诊断标准，但是，如果要获得重度疾病的理赔款，必须满足下列六个化验指标中的一个：

第一个指标，肌钙蛋白升高的检验结果必须达到正常参考值上限的 15 倍（含）以上。

第二个指标，肌酸激酶同工酶升高的检验结果必须达到正常参考值上限的 2 倍（含）以上。人体中，不仅心肌细胞含有肌酸激酶同工酶，其他细胞也含有，比如骨骼肌细胞。所以，肌酸激酶同工酶升高不一定就是心脏的问题，也有可能是身体其他部位的问题。因此，较重急性心肌梗死的诊断标准要求这个指标高到一定的程度。

第三个指标，出现左心室收缩功能下降，确诊 6 周后，检测左心室射血分数低于 50%（不含）。正常成人左心室储存着含有氧气的动脉血液，储存量约为 125mL，心脏每跳动一次输出的血液，约为储存量的 50%~70%，这个百分比称为"射血分数"，一般 50% 以上属于正常。射血分数与心肌的收缩能力有关，心肌收缩能力越强，输出量越多，射血分数也越高。当出现心肌细胞坏死时，左心室收缩功能会下降。左心室射血分数低于 50%，会导致全身血液供应不足，也就是心功能不全。

第四个指标，影像学检查证实存在新发的乳头肌功能失调或断裂引起的中度（含）以上的二尖瓣反流。二尖瓣即左房室瓣。心室收缩时，二尖瓣会严密关闭房室口，防止血液逆流入左心房。心脏中负责心脏瓣膜开关的肌肉叫作乳头肌（并非人体的胸部肌肉）。

如果心肌梗死刚好发生在乳头肌上，就会造成乳头肌坏死，导致二尖瓣关闭不全，一部分血液从左心室逆流入左心房。所谓中度反流，指的是反流分数在 30% ~ 49%，也就是说，本应该向外输送给身体的鲜血，却有 30% ~ 49% 反流回左心房，这也会导致左心室的射血分数降低。

第五个指标，影像学检查证实存在新出现的室壁瘤。发生大面积心肌梗死后，梗死区域会出现室壁扩张、变薄、心肌全层坏死，病变区薄层的心室壁向外膨出，形成室壁瘤。室壁瘤常见于左心室。正常人需要不断收缩心肌把血液射给全身，其心肌后壁及室间隔正常厚度为 8 ~ 12mm；心肌梗死出现后，室壁瘤的厚度仅为 3mm 左右，变得非常薄，这样就失去了射血功能。另外，室壁瘤非常脆弱，一旦破裂可能会引发猝死。

第六个指标，出现室性心动过速、心室颤动或心源性休克。心肌受到严重损伤，心脏射血减少，会导致血压下降，出现严重的心律失常，甚至导致猝死。一个人在低血糖的时候身体会颤抖，心脏供血不足时也会颤抖，甚至出现心源性休克。患者出现心源性休克时，需要及时抢救；如果出现严重的心律失常，可能需要使用除颤仪，或安装心脏起搏器。

以上六个指标中的任意一个得到满足，被保险人即可按照较重急性心肌梗死理赔。

造成急性心肌梗死"较轻"的原因

较轻急性心肌梗死同样要求被保险人先"被明确诊断为急性心肌梗死"。在此前提下,被保险人未达到较重急性心肌梗死理赔条件的,可以申请理赔较轻急性心肌梗死。

较轻急性心肌梗死之所以"较轻",只是因为它不会导致人体严重失能,但并不意味着它不危险;如果抢救不及时,一样有可能危及生命。那么,造成"较轻"的原因是什么呢?

第一,发生堵塞的是小血管,导致心肌坏死的面积比较小,不会留下后遗症,也不会致死。我们的心脏上面趴着三根较粗的血管,分别是右冠状动脉、左前降支、左回旋支,这三根血管给心肌供血的面积是比较大的,其他血管给心肌供血的面积比较小(见图 2-6)。

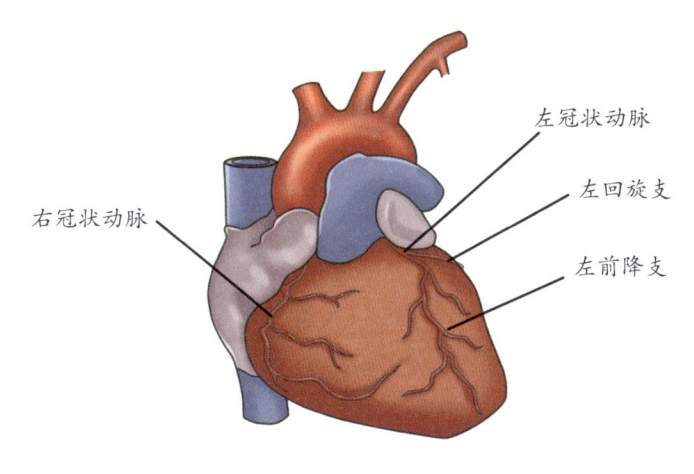

图 2-6 冠状动脉示意图

第二,血管堵塞的面积和范围非常大,情况很严重,但是在"黄金 2 小时"内进行了及时抢救——疏通血管，把大部分处于"昏迷"但尚未坏死的心肌挽救了回来。这种情况虽然很危险，但因为抢救及时没有留下严重的后遗症，所以也算"较轻"。

按秒计算的救治手段

现在很多医院都开设了胸痛中心，就是为了治疗血管堵塞面积和范围非常大的急性心肌梗死，保证患者得到及时的救治。胸痛中心作为一种国际上倡导的新型医疗模式，能让急性胸痛患者在第一时间进入诊治流程，得到及时和规范的诊断治疗。

通常，血管闭塞 20 分钟后患者开始出现不可逆的心肌细胞损伤坏死，对于医生来说，抢救要按秒计算。急性心肌梗死最有效的救治手段就是在第一时间把血管疏通，早一秒钟让血液流进去，就能挽救更多的心肌；挽救的心肌越多，心脏功能维持得越好，发生死亡的概率越低。

治疗一旦延误，再高明的医术也无力回天。时间就是生命，患者家属及时签署知情同意书，有利于医生争分夺秒地挽救患者的心肌和生命。临床经验显示，严重的大面积急性心肌梗死患者在"黄金 2 小时"内得到治疗的并不多，很多患者因为各种原因耽误了宝贵的抢救时间，留下了太多的遗憾。

较重急性心肌梗死的理赔要点

理赔时机：肌酸激酶同工酶或肌钙蛋白的动态变化符合急性心肌梗死的诊断。

核心材料：缺血性胸痛证明或能证实存在其余四种症状之一，六个指标至少满足一个。

理赔依据：先证明得了急性心肌梗死，再六选一证明达到理赔条件。

小贴士

预防急性心肌梗死的六个原则

1. 养成有利于心脏健康的饮食习惯

比如，少吃高盐、高糖以及高脂肪的食物。

2. 坚持适度的运动

长期缺乏运动的人，其心脏储备能力低下，一旦进行超负荷的剧烈运动，就容易引起心绞痛。步行、慢跑、游泳、骑行、健身操等有氧运动，都能够有效促进心脏健康，预防急性心肌梗死。需要注意的是，运动时应遵循"三五七"原则，以减少运动中可能出现的损伤。

"三"，指运动时间。每次运动的时间应在 30 分钟以上，这样可以获得更大的运动效果。

"五"，指运动频率。每周运动 5 次。由于每次运动后的良性效果持续时间有限，一般不到 12 小时，所以每周保持高频运动，才能起到持续的效果。

"七"，指运动强度。运动后心率达到有效指标——运动心率 + 年龄 =170 次 / 分钟，这样的运动强度属于中等，超过这个强度容易产生无氧代谢，对身体造成不良的影响。

大家可以根据自己的身体状况，设定合理的运动目标，选择适合自己的运动方式。

3. 戒烟，并远离二手烟

与不吸烟者相比，急性心肌梗死后继续吸烟的患者可能再次发生急性心肌梗死；戒烟一年内，再次发生急性心肌梗死的风险则会大大降低。我们鼓励各个年龄段的吸烟者积极戒烟，戒烟能够迅速降低心血管疾病的发病风险。

4. 保持良好的情绪

长期心态不稳定，比如情绪激动、焦虑紧张，对心血管功能的影响很大，容易引发高血压和急性心肌梗死，甚至会有猝死的风险。

5. 保持充足的睡眠

经常熬夜的人，容易出现心律失常或者急性心肌梗死。

6. 保持正常的 BMI

肥胖容易引发高血脂、高血压、糖尿病等一系列慢性疾病，这些疾病会加速心脏血管内的堵塞，从而引发急性心肌梗死。

第三章
脑中风后遗症
(严重和轻度)

严重脑中风后遗症

指因脑血管的突发病变引起脑血管出血、栓塞或梗塞，须由头颅断层扫描（CT）、核磁共振检查（MRI）等影像学检查证实，并导致神经系统永久性的功能障碍。神经系统永久性的功能障碍，指疾病确诊180天后，仍遗留下列至少一种障碍：

（1）一肢（含）以上肢体肌力2级（含）以下；

（2）语言能力完全丧失，或严重咀嚼吞咽功能障碍；

（3）自主生活能力完全丧失，无法独立完成六项基本日常生活活动中的三项或三项以上。

轻度脑中风后遗症

指因脑血管的突发病变引起脑血管出血、栓塞或梗塞，须由头颅断层扫描（CT）、核磁共振检查（MRI）等影像学检查证实，并导致神经系统永久性的功能障碍，但未达到"严重脑中风后遗症"的给付标准，在疾病确诊180天后，仍遗留下列至少一种障碍：

（1）一肢（含）以上肢体肌力为3级；

（2）自主生活能力部分丧失，无法独立完成六项基本日常生活活动中的两项。

认识脑中风

简单来说,脑中风就是给大脑供血的血管出现问题,导致脑细胞坏死的一种疾病。人的血液就像河水一样不停地奔腾流淌,其中含有氧气和养分,供人体细胞吸取营养。倘若给脑细胞供应氧气和养分的"河水"断流,脑细胞就会死亡。

出血性脑中风与缺血性脑中风

脑中风是脑卒中的俗称,分为出血性脑中风和缺血性脑中风两种情况(见图3-1)。

出血性脑中风　　　　　　缺血性脑中风

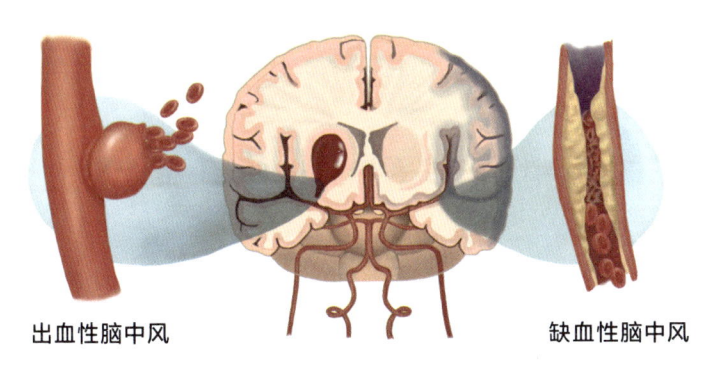

图 3-1　两种脑中风示意图

出血性脑中风是因脑血管破裂引起的，相当于大脑的供给之河在半途决堤，河水都跑去了别处。

缺血性脑中风是因血管狭窄、堵塞引起的，就像在河流上游筑起大坝，导致河流下游缺水干涸，殃及水中的鱼儿。缺血性脑中风的形成原因有两种：梗死和栓塞。梗死是指脑动脉出现病变，使管壁增厚、变硬、失去弹性，管腔狭小，形成血栓。栓塞是指在躯体别处形成的血栓被血液带过来，堆积在给大脑供血的血管中，把它堵死了。

那么，血栓是从哪里来的呢？颈动脉是脑部供血的主要通路，而动脉粥样硬化与缺血性脑血管疾病具有强关联性，它是导致缺血性脑中风的重要因素。临床上最常见的颈动脉血栓就是由颈动脉粥样硬化、血管壁的斑块脱落而形成的。颈动脉血管比较粗，一般不会堵塞。但由于颈动脉是给大脑供血的，越上升血管越细，血栓随血液流到大脑里的分支血管，可能一下就把管腔堵死了，导致供血中断，从而造成脑细胞坏死。

我们知道，大脑掌管人体各种动作、思维、语言，如果负责相应功能的脑细胞坏死，就会导致相关功能出现严重异常。

无论是出血性脑中风还是缺血性脑中风，都在疾病定义的保障范围内，但能否理赔，还要看进一步的影像学检查结果。

脑中风的诊断依据——CT 与 MRI

被保险人要申请脑中风后遗症的理赔，首先必须提供头颅断层扫描（CT）和核磁共振检查（MRI）这两项中的任意一项检查报告，以证明被保险人出现了脑中风的症状。

CT 是一种较先进的现代医学扫描检查技术，它通过 X 线扫描人体大脑的情况，能对大脑中无法直观发现的病情做出判断。MRI 则是利用磁场和射频电波形成人体解剖或生理过程的图像，相较 CT 成像效果更佳，可提供更多的医学信息。有些异常情况通过 CT 无法发现，但在 MRI 中能清楚显示。

CT 影像就像把一个人的头颅从正前方横着一片一片切开，看到这样的布局，就知道这是一张 CT 片子。MRI 影像就像把一个人的头颅从正前方竖着剖开，一分为二。

如果发生的是出血性脑中风，CT 影像会显示有病灶出现；如果发生的是缺血性脑中风，CT 影像可能看不出任何变化，因为只有发病 48 小时之后拍出的 CT 影像才能把脑中风的病灶显示出来。

所以，患者发生脑中风入院后拍摄的第一张片子，会先被医生用来判断是不是脑出血。如果诊断结果不是脑出血，医生可能就要采取溶栓处理，以缓解脑缺血。因此，患者在住院期间必须复查一次 CT 来确认是否有缺血性脑中风病灶出现，这样在申请理赔时就可以提供确切的影像学检查结果。

不过，被保险人想要按照本条疾病定义申请理赔，还必须具备"在确诊 180 天后仍然遗留神经系统永久性的功能障碍"这个必要条件。

为什么要求确诊 180 天后仍然留有后遗症

很多人可能会有疑问，疾病定义要求"在确诊 180 天后仍然遗留神经系统永久性的功能障碍"，为什么一定要达到 180 天呢？这项理赔条款是不是太苛刻了？

在临床医学中，许多脑中风患者在治疗 1～2 周后，是可以痊愈的，但是因为大脑受损会影响它所支配的相应人体部位，所以相关的功能需要一段时间才可以恢复到稳定状态。很多患者在出院时还有多项后遗症，经过专业治疗和康复训练，半年后就可能恢复到正常人的状态。

如果这些后遗症在半年内没有恢复，那么以后再想恢复就比较难了。所以，患者千万不能为了得到保险公司的理赔款而不做康复训练，这是得不偿失的错误行为。一旦错过最佳康复时机，余生将会留下严重的后遗症。到底是生活质量重要还是金钱重要？答案是不言自明的。

这也是为什么保险条款要求被保险人在确诊180天以后再提出理赔申请，因为这段时间正是脑中风患者康复的关键时期。半年之后，患者的病情稳定，再去检查是否留下了后遗症。

脑中风临床分期及表现

脑中风在临床上分为4期——急性期（软瘫）、痉挛期（硬瘫）、相对恢复期、后遗症期，每期持续时间不同，临床表现也不同。我们可以通过表3-1对其进行简单的了解。

表3-1 脑中风的临床分期及表现

分期	时间	临床表现
急性期（软瘫）	2周内	肢体肌张力下降、反射消失，不能自主活动，身体呈现软瘫状态
痉挛期（硬瘫）	2~4周	肢体肌张力增高，发生痉挛状态、身体联合反应、共同运动、紧张性反射等。全身僵硬，不能做部分身体活动

续表

分期	时间	临床表现
相对恢复期	5周~6个月	可进行身体分离运动、精细运动和速度运动恢复。恢复期为康复黄金期,很多脑中风患者在此阶段努力治疗,可使后遗症较少甚至没有
后遗症期	6个月以上	运动障碍、感觉障碍、言语障碍、认知障碍等。后遗症阶段如想恢复,须付出极大努力且效果不大

严重脑中风后遗症的判定标准

了解了脑中风临床分期及表现,我们可以知道,脑中风后遗症期通常在确诊后 6 个月以上。在相对恢复期,患者可以通过不同的运动方式进行治疗,积极配合康复治疗可减少后遗症,甚至实现没有后遗症的治疗效果。因此,在脑中风后遗症的赔付标准中,"确诊 180 天后"是非常重要的诊断时间点。

如果很遗憾,患者在确诊 180 天后仍然留下了后遗症,就要衡量判断是否形成"严重脑中风后遗症"中列明的三种障碍了,只要满足其中一种,保险公司就可以赔付。

第一,一肢(含)以上肢体肌力 2 级(含)以下。

肢体是指包括肩关节的整个上肢(也就是整条胳膊),或包括髋关节的整个下肢(也就是整条腿)。疾病定义要求整肢出现神经系统永久性的功能障碍,而不是从肘关节或踝关节处无力的表现,因此手脚无力是不在保障范围内的。

肌力是指肌肉收缩的力量,从弱到强划分为 0 ~ 5 级。

0级：肌肉完全瘫痪，毫无收缩。

1级：可看到或者触及肌肉轻微收缩，但不能产生动作。

2级：肌肉在不受重力影响下可进行运动，即肢体能在床面上移动，但不能抬高。

3级：肢体可以克服重力完成动作，但是受到外力阻止时不能够完全对抗阻力。

4级：肢体可以克服重力完成动作，稍微对抗外界阻力。

5级：正常。

如果患者肌力被诊断为2级及以下，就属于彻底失能，满足"严重脑中风后遗症"的理赔标准。

第二，语言能力完全丧失，或严重咀嚼吞咽功能障碍。

我们先说语言能力完全丧失，这包含以下两种情况：

第一种情况是无法发音。人类的语言有四种发音方式：口唇音，比如"朋"的发音；齿舌音，比如"齿"的发音；口盖音，比如"啊"的发音；喉头音，比如"喉"的发音。这四种发音中的任何三种说不出来，就属于语言能力完全丧失。

第二种情况是因声带全部切除或因大脑语言中枢受到伤害而患的失语症。声带全部切除自然丧失了语言能力，不必解释。但有的情况下，患者嗓子是好的，"朋、齿、啊、喉"的声音都能发出，但要么完全听不懂别人的语言，大脑无法处理别人的语言信号；要么可以听懂别人说话，自己却说不出来。这就是大脑的语言中枢出了问题，无法正常与人进行交流。

我们再说严重咀嚼吞咽功能障碍。它是指因牙齿以外的原因导致器质障碍或功能障碍，以致不能做出咀嚼吞咽运动，结果就是食物呛入气管。这种情况可能引发危及生命的堵塞性窒息。为了防止风险发生，患者只能插鼻饲管吃流食，虽然还有生活能力，但已丧失了工作能力。

第三，自主生活能力完全丧失，无法独立完成六项基本日常生活活动中的三项或三项以上。

六项基本日常生活活动是指吃饭、穿衣、行动、移动、如厕、洗澡。疾病定义要求患者在这六项日常生活活动中有任意三项完全不能自理，需要在别人的帮助下才能完成。

轻度脑中风后遗症的理赔

我们通过疾病定义可以知道，即使是轻度脑中风后遗症的理赔，也要求神经系统有永久性的功能障碍，只不过相对于严重脑中风后遗症的理赔条件更宽松一点，要求一肢（含）以上肢体肌力为 3 级和自主生活能力部分丧失，无法独立完成六项基本日常生活活动中的两项。其实，这也从侧面说明，即使我们买了带有轻度疾病保障的重疾险，其保险金也不是用来看病的，增加轻度疾病的保障并没有改变重疾险的功能属性。

从临床病例的统计数据来看，大多数脑中风患者预后是良好的，只有很少一部分患者达到重度疾病的理赔标准，小部分患者能够按照轻度疾病理赔，剩余大部分患者无法理赔。为什么呢？这是因为随着医疗水平的提高，康复治疗技术也更加科学和有效，改善了大多数脑中风患者的病后生活质量。只要及时、积极地配合康复治疗，大部分患者都能恢复到可以照顾自己饮食起居的状态，因此很少有患者能拿到严重或轻度脑中风后遗症的理赔款。

由此可见，在配置重疾险时，搭配合适的医疗险也十分重要。重疾险原本就不是用来支付医疗费用的保险，报销医疗费用是医疗险的事情。

脑中风的治疗时间及预防

全球疾病负担研究（GBD）数据显示，脑中风是我国成人致死、致残的首位病因。高血压、糖尿病、高血脂、心房颤动、肥胖、有吸烟习惯的人都属于脑中风的高发群体。

下面是脑中风发生后患者大脑发生变化的过程示意图（见图 3-2）。

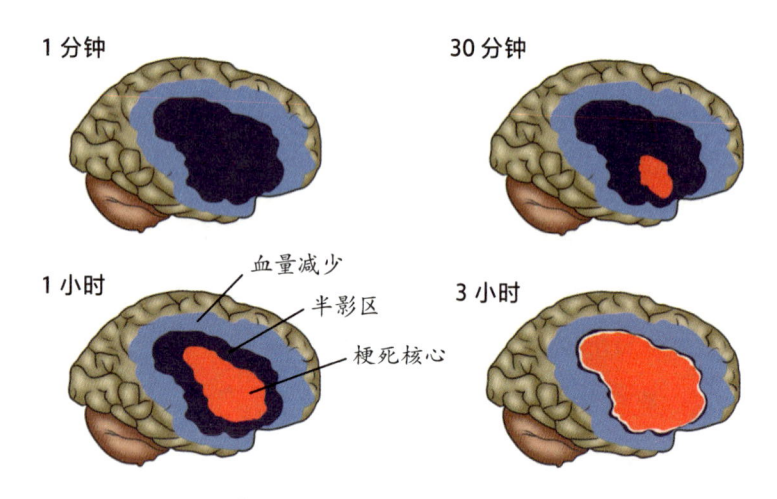

图 3-2　脑中风发生后患者大脑发生变化的过程示意图

脑中风发生 1 分钟左右，脑细胞会"昏"过去，但还没有死亡；30 分钟后，脑细胞开始死亡，并且这样的死亡是无法挽回的；1 小时后，脑细胞死亡面积进一步扩大；3 小时后，缺血部位的脑细胞基本上就死光了。

另外需要注意的是，缺血的脑细胞周围还会有大量脑细胞处于血量减少的状态。虽然这些脑细胞的氧气和养分都不够用，但如果患者能尽早接受治疗，它们还是有可能不受损伤的。

因此，对于脑中风患者来说，抢救得越快，患者的脑细胞就存活得越多。可以说，时间就是生命。

在日常生活中，我们每个人都要学会观察和识别脑中风发生的前兆。这里给大家介绍一个快速识别脑中风、及时求助的方法（见图3-3）。

F	**A**	**S**	**T**
face is uneven 面瘫/口角歪斜	arm is weak 肢体无力	speech is strange 言语不清	time to call 120 迅速拨打120求助

图3-3　快速识别脑中风、及时求助的方法

当身边的人出现上述情况时，我们一定要迅速拨打120。患者在发病4.5小时内进行静脉溶栓、6小时内取栓是目前脑中风急性期的救治原则，可有效降低致残率和致死率。最新的临床研究发现，部分患者抢救的黄金时间可扩展到24小时内。无论如何，越早识别脑中风、越早就诊，患者就越有希望跑赢"死神"，实现治愈和康复。

当然，对脑中风更重要的是预防，人们在日常生活中要控制好血压、血糖、血脂，从而降低脑中风发生的风险。

严重脑中风后遗症的理赔要点

理赔时机：确诊脑中风 180 天以后。

核心材料：头颅断层扫描（CT）或者核磁共振检查（MRI）报告。

理赔依据：肢体肌力 2 级及以下；四种语音发声能力丧失任意三种，鼻饲管不能取，只能吃流食；无法完成六项基本日常生活活动的三项或三项以上。

小贴士

预防脑中风的六个要点

1. 积极治疗原发性疾病

原发性疾病包括动脉粥样硬化、高血压、心房颤动、血管炎等。患者应按医嘱服药，将血压、血糖、血脂控制在目标水平。

2. 均衡饮食

饮食应做到营养丰富，粗细搭配；以清淡为宜，多吃蔬菜水果，少吃动物内脏；不要过分强调各种"补品"，而要讲究"均衡饮食"，减少摄入高油、高糖食物。此外，饮水要充足。

3. 坚持运动

运动不宜过于剧烈，根据年龄、基础疾病的不同，选择适合自己的运动方式即可，比如健走、慢跑、打太极拳等。

控制体重，如果身体超重或肥胖，应制订科学的减重计划。

4. 纠正不良生活习惯

不良生活习惯包括吸烟、酗酒、熬夜等。老年人还应该避免过快地改变体重，积极防止便秘，以防用力排便引发心脑血管疾病意外发生。

5. 抓住脑中风就医时机

对于脑中风的治疗，时间就是生命，少一分延误，就多一分康复。如果怀疑发生了脑中风，家属必须立即拨打120，将患者送入有溶栓治疗经验的医院进行治疗，避免错过黄金救治时间。

6. 定期体检

时刻关注身体的健康指标，定期体检以评估发生脑中风的风险，做到早诊断、早治疗。

第四章 重大器官移植术或造血干细胞移植术

重大器官移植术或造血干细胞移植术

重大器官移植术,指因相应器官功能衰竭,已经实施了肾脏、肝脏、心脏、肺脏或小肠的异体移植手术。

造血干细胞移植术,指因造血功能损害或造血系统恶性肿瘤,已经实施了造血干细胞(包括骨髓造血干细胞、外周血造血干细胞和脐带血造血干细胞)的移植手术。

认识重大器官

人体是由各种器官组成的，我们常说的器官包括心、肝、脾、肺、肾、胃、眼睛……在重疾险中，涉及移植术保障的重大器官有五种，包括心、肺、肾、肝、小肠（见图4-1）。

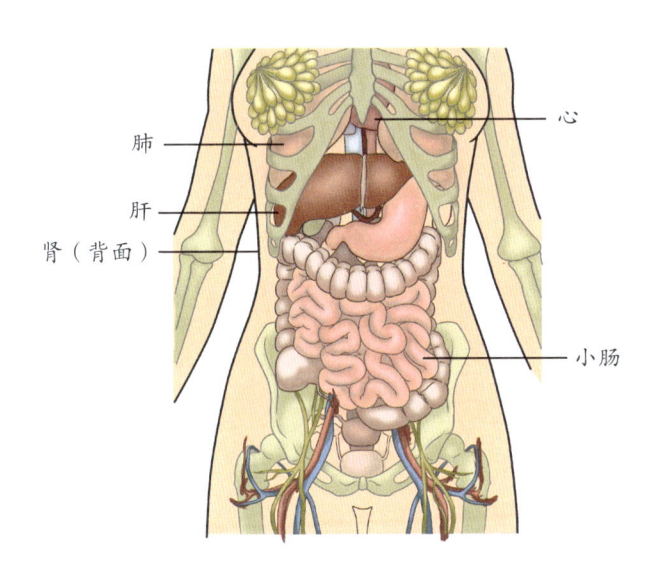

图 4-1 涉及移植术保障的重大器官示意图

心脏，我们在本书第二章"急性心肌梗死（较重和较轻）"中讲过了，它就像人体的动力泵，不断收缩和舒张，将血液输送到全身。

肺脏的主要作用是呼吸，将新鲜的空气吸入、体内的浊气呼出，以确保机体的正常运转。

肾脏的主要功能是排泄，它生成尿液，并借排泄清除代谢垃圾，平衡人体的内环境。

肝脏是人体最大的解毒器官，它的功能包括解毒、代谢、分泌胆汁、造血、储血、调节循环血量、免疫防御和肝脏再生等。

小肠主要负责食物的消化吸收。

此外，造血干细胞移植术也在本条疾病定义的保障范围内，也就是我们常说的白血病的一种治疗方法。

器官移植的原理

器官移植的原理实际上非常简单，就像果树嫁接一样。一棵桃树开出两种颜色的花朵，是因为园丁在这棵桃树上面嫁接了另一棵桃树的枝丫。具体是怎么操作的呢？园丁先在一棵桃树的树干上划开一条缝，然后把另一棵桃树的树枝切下来，将创口接到一起，再捆牢固。经过一段时间的科学培养，外来的这条树枝和这棵树的树枝结为一体，嫁接就成功了。

人体器官移植手术就像果树嫁接一样，医生首先要把肝脏、心脏、肺脏或小肠的主要供血血管找到，然后在这个血管上面开一个口，把原来的器官拿走，再把外来的移植器官的血管与主要供血血管缝合起来，手术就完成了。肾脏的移植手术稍微有点不一样，它是将供体有功能的肾脏切取后，放置在受体的髂窝内，无须摘除原来的肾脏。

特殊的小肠移植

关于小肠移植要特别说明一下。

小肠属于消化系统的重要器官,它在胃的下面,从与胃连接的部分算起,包括十二指肠、空肠、回肠,其下端与大肠相连(见图4-2)。我们平时说的十二指肠溃疡,实际上就是小肠溃疡。

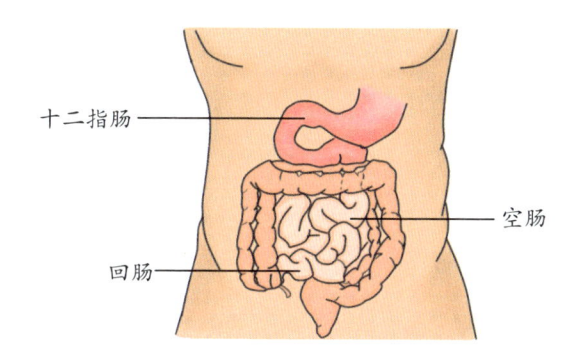

图 4-2 人体小肠的构造示意图

小肠的长度有多长、面积有多大呢?如果把一个人的小肠捋直,长度大概是其身高的3~4倍。如果把小肠剪开,所有的褶皱都铺平,面积大约有400多平方米,相当于一个篮球场的面积。因为有这么大的面积,小肠才能够把我们吃的各种各样的食物分解成容易吸收的营养物质,再通过血液运送到全身,满足身体正常生长发育和新陈代谢的需要。人体内的小肠越长、面积越大,吸收营养物质就越充分;小肠越短、面积越小,吸收营养物质就越少。如果小肠出现病症,最严重的后果就是:无论我们吃什么,我们的身体都没办法吸收到营养。

和小肠对比来看,人体的大肠基本与身高等长,它的作用是把吸收完营养的食物残渣变成粪便，储存到一定量后排出体外。如果大肠太长，储存的粪便就会很多，对人体健康不利。

在临床上，器官移植术后最大的问题是免疫排异。小肠不仅对人体营养的吸收至关重要，还有助于抵御细菌侵入。肠道是与外界细菌接触最多、最频繁的地方。免疫系统的"重兵"都集中于此。人体内，大约有70%的免疫细胞都聚集在小肠或其周围，就是为了防止细菌通过肠道给身体造成损害。

在免疫细胞如此密集的地方进行移植手术，可想而知，它的免疫排异反应是所有器官中最强烈的。因此，小肠移植手术在很长一段时间内的临床成功率都极低，做过小肠移植手术的患者，术后存活时间都不长。在旧规范中，重大器官移植术的保障是不包含小肠移植手术的。随着医药学界不断研发抗排异药物，才让小肠移植手术的成功率有所提高，做小肠移植手术的人也越来越多。因此，新规范将小肠移植手术也纳入保障范围。

什么是造血干细胞移植术

造血干细胞的移植和上述器官的移植完全不一样。造血干细胞的移植非常简单。首先，医生通过对患者进行超大剂量的放疗或化疗，尽可能清除患者体内的肿瘤和异常细胞，有时可能还需要其他免疫药物的辅助；然后，将从患者自身或由他人身上采集的造血干细胞输入患者体内，就完成了造血干细胞的移植。造血干细胞移植包括两种方式：自体造血干细胞移植和异体造血干细胞移植。

自体造血干细胞移植包括动员、采集和回输三部分。造血干细胞由骨髓大量生成，其中少部分被释放到血液中，这就是外周血造血干细胞。患者通过使用特定药物，增加释放到血液中的造血干细胞数量，这个过程就是动员。采集的干细胞数量一般在100～200mL，这些干细胞会在实验室里被加入一些营养剂后冻存在零下80℃的冰箱里。化疗以后，患者会出现一段时间的骨髓抑制期，一般是7～14天，在这个过程中可以把造血干细胞回输进人体，这就是回输过程。这是一种非常有效的治疗方式，已经成为当前治疗白血病的主要手段。

异体造血干细胞移植又叫异基因造血干细胞移植，指的是造血干细胞来源于患者以外的其他人，可能是他的亲戚朋友，也可能是自愿捐献的志愿者，或者脐带血库中留存的脐带血。

自体造血干细胞移植和异体造血干细胞移植有很大区别。

首先，二者所移植的造血干细胞来源是不同的。自体造血干细胞移植是回输患者自身的造血干细胞，而异体造血干细胞移植是输入他人的造血干细胞。

其次，二者所花的费用也是不同的。自体造血干细胞移植花费较低，而异体造血干细胞移植花费较高。

最后，自体造血干细胞移植以后没有排异现象，而异体造血干细胞移植以后会有或轻或重的排异现象发生。

目前，临床上造血干细胞移植的主要适应证包括非恶性疾病和恶性疾病两类。

非恶性疾病包括以下三方面：①重型再生障碍性贫血；②阵发性睡眠性血红蛋白尿症，尤其是合并再生障碍性贫血特征的患者；③其他疾病。理论上造血干细胞移植能够治疗所有先天性造血系统疾病和酶缺乏所致的代谢性疾病，比如地中海贫血、重症联合免疫缺陷病等。

恶性疾病包括以下两个方面：①血液系统恶性疾病，比如白血病等；②其他对放化疗敏感的实体肿瘤，也可以考虑做自体造血干细胞移植，比如肺癌等。有媒体报道，放化疗配合造血干细胞移植取得了比较好的效果，不过实体肿瘤的治疗目前还处于探索阶段，并没有被普遍应用。

其实，关于白血病的理赔按照本书第一章"恶性肿瘤（重度和轻度）"的相关条款申请就可以了，不必用造血干细胞移植术来理赔。

重疾险为什么不保障胃移植

有人可能会问：胃癌如此高发，胃也是不可替代的器官，为什么本条疾病定义不保障胃移植呢？其实，临床上是没有胃移植的，因为胃的再生能力很强，即使被全部切除，一般也不会危及患者的生命。胃的主要功能是将食物碾磨、挤碎，形成食糜进入肠腔，从而更好地让肠道组织吸收食物中的营养成分。患者在切除全胃后，可以将食管底部与小肠组织进行吻合性连接，重建消化系统，食物可以通过食管直接进入肠道组织。只是食物未经消化和分解直接进入肠道，不利于肠道吸收食物中的营养成分，时间长了患者容易出现消化不良、营养缺乏、恶心、呕吐、身体消瘦等情况。

选择器官移植的原则

器官移植费用主要分为三部分：摘取和植入人体器官的手术费，以及此过程前中后所产生的药品费、检验费等；保存和运送人体器官的费用；患者手术前后的住院费和药品费等。

选择器官移植应当遵循"不可替代原则",即针对患者现有疾病和症状,器官移植应该是唯一具有救治希望的方案。也就是说,患者只有移植好的器官,才能更好地活下去。如果仍有其他具有救治希望的方案,就不要做器官移植术。因为做器官移植术不仅要担负高额的费用,还要面对器官的排异风险,情况严重时可能直接致死。而且,做了器官移植术的患者需要终身服用抗排异药物,会导致在接下来很长的一段时间内处于免疫力低下的状态。

理赔的关键——手术之后

移植手术并不复杂,难的是找到合适的供体器官。一般人可能不知道这有多难。以肝脏移植手术为例:患者要先到有资质的医院请医生诊断并评估,如果确定做这项手术,得交近百万元的手术费才有资格录入信息,排队等待肝源。系统会根据病情的严重程度进行评分,调整排队次序,病情严重的患者即使录入时间比较晚也会被排在前面,病情较轻的患者则按照录入的先后顺序排队。有了合适的肝脏供体,医院会通知患者来做手术。下面是肝脏移植手术示意图(见图4-3)。

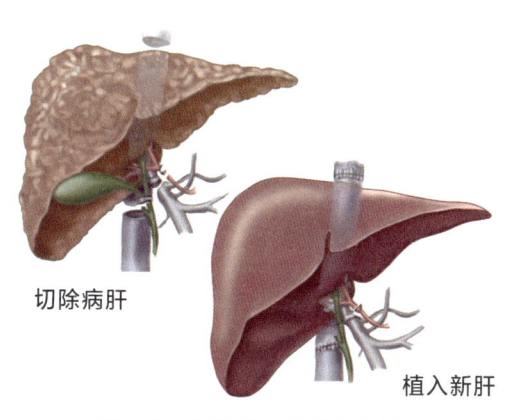

切除病肝

植入新肝

图4-3 肝脏移植手术示意图

在本条疾病定义中，重疾险的赔付条件是被保险人必须已经完成手术。换一个角度来想，被保险人在等待供体器官的过程中就要将一大笔钱押在医院，单纯依靠重疾险支付医疗费用是不可能的，被保险人不得不自掏腰包先行垫付。所以，只投保重疾险而没有医疗险，对被保险人来讲是有风险的。

顺便说一下，我国的《人体器官移植条例》明确规定了器官供体来源的性质只能是自愿捐赠，器官不能买卖，不能像商品那样一手交钱一手交货，所以患者千万不能因为急着治病而触犯法律。而且，这种买卖来的器官，因为无法得到法律的有效保护，来源不明，其健康情况等难以获得切实保障，对患者而言，有许多未知风险。

重大器官移植术或造血干细胞移植术的理赔要点

理赔时机：实施手术之后。

核心材料：住院病历、手术记录。

特别注意：眼角膜、胃、皮肤、骨骼、生殖系统的移植手术不在保障范围内；造血干细胞移植术不包括因免疫性疾病或者先天性疾病而做的造血干细胞移植术。

小贴士

器官移植术后康复的三个要点

器官移植患者获得了来之不易的供体器官，得到了重生的机会，但如果术后缺乏相应的康复指导，常见的排异反应会损害移植器官的功能。因此，系统和科学的康复指导，对患者提高生存质量、延长生命至关重要。器官移植术后康复有三个要点。

1. 按时服药

患者必须在专科医生的指导下按时服药，擅自停减药物不利于控制病情，滥用则会因药物过量导致肝肾功能损伤和副作用加大。

2. 定期复诊

患者应随时关注自己的健康变化，按照医生的建议定期复诊，保存好既往门诊病历、出院小结、各项检查化验结果等资料，出院后详细记录日常生活、服药、饮食等各方面情况。在门诊随访时提供的资料越详细，越有利于医生明确患者的现状及病情程度，做出正确诊断。如果患者有突发高烧、寒战、全身不适、烦躁、移植器官处胀痛、精神萎靡、食欲骤减、血压明显升高等症状，应立即与专科医生取得联系，不必等复诊才就医。

3. 健康的生活习惯

患者生活要有规律，合理安排休息时间，保证睡眠充足。器官移植后如无特殊情况，患者通常在3个月后可恢复半日工作，6个月后可恢复全日工作，但应终身避免重体力劳动。另外，由于患者抵抗力低，而且容易发生真菌感染，所以要注意保暖及个人卫生，防止感染、感冒，尽量减少出入公共场所，宜用温水擦身或洗澡，维持良好的口腔健康。患者根据康复情况，可逐步恢复食物摄入量。由于患者长期使用激素，易导致热量消耗大，食欲好，但消化功能差，所以应选择高蛋白、高碳水化合物、高维生素的少渣饮食；同时要注意食品卫生，不吃不洁食物，防止因肠道感染诱发并发症。患者应保证涉入足量、丰富的维生素，特别是维生素 C 和纤维素，保持大便通畅，防止便秘，减少内因性有害物质产生。患者的饮食宜清淡，忌食辛辣刺激性、不易消化的食物；为保持营养均衡，食物品种应尽量多样化，在允许范围内照顾个人口味，以促进食欲。

第 五 章

冠状动脉搭桥术

（或称冠状动脉旁路移植术）

冠状动脉搭桥术（或称冠状动脉旁路移植术）

指为治疗严重的冠心病，已经实施了切开心包进行的冠状动脉血管旁路移植的手术。

所有未切开心包的冠状动脉介入治疗不在保障范围内。

认识冠心病

心脏是人体的重要器官，通过一次次收缩、扩张将血液通过主动脉输送到全身。

心脏本身也需要足够的氧气和养分。主动脉根部主动脉窦内分出左右两根血管来给心脏供血，这些血管被称为冠状动脉。冠状动脉是被包裹在心肌内的，因此会受到心肌收缩挤压的影响。当心脏收缩时，血液不容易通过，只有当心脏舒张时，才能有足够的血流，这就是冠状动脉供血的特点。

"冠心病"是冠状动脉粥样硬化性心脏病的简称。当冠状动脉内脂肪和胆固醇等物质代谢不正常时，原本光滑的动脉血管内壁上就会出现一些粥样的物质，堆积形成白色斑块，这就是我们常说的"粥样斑块"（见图 5-1）。粥样斑块逐渐增多，会造成动脉狭窄，使血液流淌受到阻碍，导致心脏缺血，使人产生胸闷、胸痛、心悸、呼吸困难等症状。近年来，冠心病发病呈年轻化趋势，是威胁人类健康的主要疾病之一。

粥样斑块

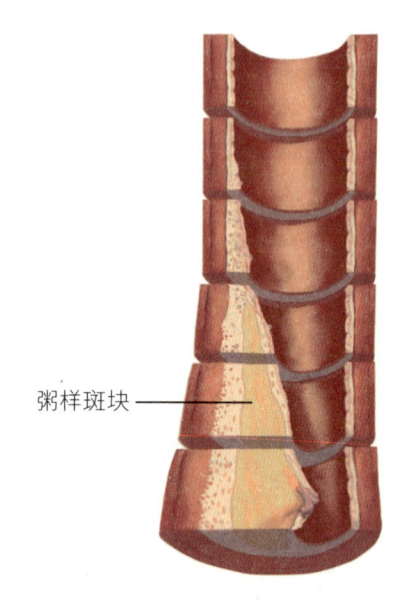

图 5-1 粥样斑块示意图

冠心病与急性心肌梗死的区别

那冠心病与急性心肌梗死的区别是什么呢？冠状动脉随着时间的推移逐渐发生硬化和堵塞，这是一个漫长的过程：从一开始堵塞得很少，到堵塞 30%，再到堵塞 50%，一直到堵塞 99%……

哪怕已经堵塞了 99%，只要还有一丝血液通过，心脏细胞就勉强能存活。但是如果 100% 堵塞，就会发生急性心肌梗死。

简单来说，冠状动脉完全堵死就是急性心肌梗死，只要还有一丝的缝隙就是冠心病。

冠心病的治疗方法

冠心病的诊断很简单,医生会先要求患者做冠脉造影,本书第二章"急性心肌梗死(较重和较轻)"对此已有介绍。做冠脉造影就是为了确认患者的心脏血管狭窄到了什么程度。

冠心病的治疗方法主要有服药、做支架手术及做搭桥手术三种,各有利弊。虽然服药并不能改变血管狭窄的状况,但仍是冠心病治疗的基础及重要手段。

什么程度的冠心病需要做支架手术,什么情况又适合做搭桥手术呢?在临床医学界有一个非常知名的判断标准:看医生的技术能力。不同的医生技术能力不一样,治疗时由医生判定患者的病情是否可以做支架手术。如果患者的病情超出了医生做支架手术的技术能力,就需要做搭桥手术。

做支架手术,也就是本条疾病定义中提到的"介入治疗",是目前临床治疗冠心病比较常见的方法。支架介入治疗只需做局部麻醉,在患者手腕动脉或大腿动脉处穿刺插入一根导管,通到心脏的血管里面,然后顺着导管放入一个支架。它像气球一样,充气后能把血管狭窄的地方撑开,"气球"上面套着一个网格状的金属丝网,可以把管腔空间固定起来,这样就解决了已有的血管狭窄问题(见图5-2)。

这个手术可以大大减轻患者的不适。手术的伤口很小,术后贴一个创可贴就可以了,患者承受的痛苦也非常小。做过支架手术的患者通常不会失能,所以该手术不属于本条疾病定义的理赔范围。当然,大多数保险公司会在重疾险的轻度疾病定义中增加对这种介入治疗的保障。

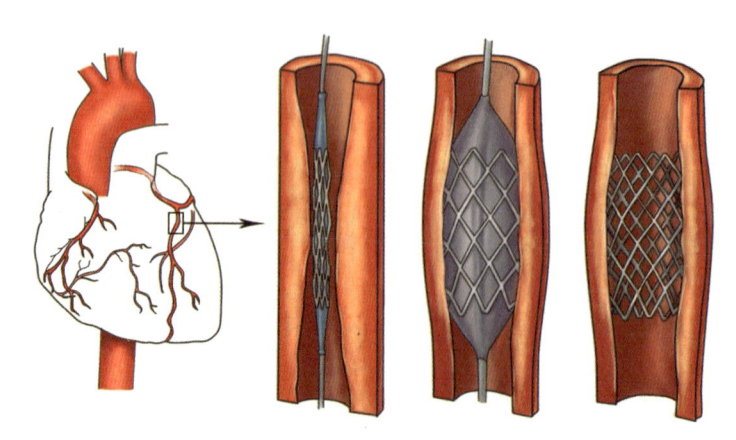

图 5-2 支架进入心脏血管发生作用的过程示意图

虽然支架手术对患者造成的伤害较小,但也存在缺点,就是支架内可能会再次堵塞。比如,患者生活习惯不好或者做完支架手术后不遵医嘱按时吃药,就会发生"支架内再狭窄"。既往金属裸支架发生再狭窄的概率为30%~40%,随着药物涂层支架的普及,支架内再狭窄发生率明显降低,为5%~10%。这时候可以继续放支架,即支架里面套支架。支架内套支架除了要求医生有比较高超的技术,对患者的血管也有一定的要求,粗的血管可以再放支架,太细的血管就不行,只能做搭桥手术了。不管怎样,防止支架内再狭窄,需要患者改变不健康的生活方式,并遵医嘱按时服药,积极治疗基础疾病。如果出现了支架内再狭窄,也不用紧张,医生会根据患者的具体情况采取不同的治疗措施。当然,药物治疗是最基本也是最重要的手段。

关于冠状动脉介入治疗,业内有一个有趣的说法:做这个手术的医生,就像是通下水道的工人。人体的血管就像下水道一样,里面有很多脏东西,时间长了发生堵塞,导致血液无法流通,医生就往里面送入导丝、球囊、支架,然后把它通开。这么说是不是挺形象的?

当然，并不是所有冠心病患者都适用支架介入的方式治疗。如果患者的血管出现弯曲、完全闭塞、分岔口以及左主干狭窄的情况，做支架手术就比较困难了，这时候可以选择做冠状动脉搭桥术。

冠状动脉搭桥术又称冠状动脉旁路移植术，是治疗冠心病导致的心肌缺血的有效手段之一。做这个手术需要把患者的胸骨切开，让心脏暴露出来，然后在上面搭一根血管桥。血管桥怎么搭呢？医生会截取患者身体其他部位（如胳膊或腿里面）的动脉或静脉血管，通过手术缝合的方式，绕过管腔狭窄或被堵塞的冠状动脉，与远处的心脏血管连接起来（见图 5-3）。这样，原来得不到血液供应的地方，就能顺畅地从新接的血管中获得血液，冠状动脉的血液运输功能就恢复了。由于这种手术方法如同用血管架桥，所以被形象地称为"冠状动脉搭桥术"。

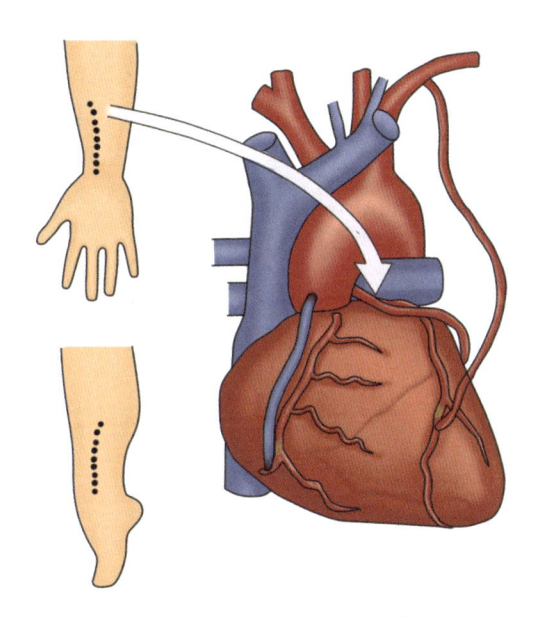

图 5-3　冠状动脉搭桥术示意图

同样是为了治疗冠心病，为什么搭桥手术在重度疾病的保障范围内，介入治疗却被排除了呢？因为开胸手术会在人体留下大约20cm长的伤口，用来搭桥的那根血管要从患者的胳膊或者腿里面完整地取出来，同样会留下一道长长的伤口，做这样一次手术对身体造成的伤害是非常大的。

即便做这个手术不开胸，也要切开心包才能完成，同样会对身体造成很大的伤害。

切开心包与开胸的区别

在旧规范里，只有"实际实施了开胸进行的冠状动脉血管旁路移植的手术"，才能申请重疾险的理赔；而新规范将"开胸"的描述改成了"切开心包"。为什么切开心包就可以申请理赔了呢？

我们先来了解一下什么是心包（见图5-4）。

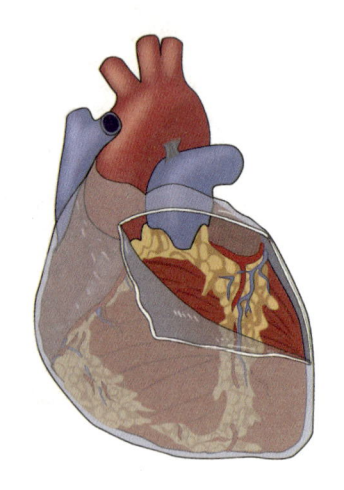

图 5-4　心包示意图

心包是覆盖在心脏表面的膜性囊，对心脏有保护作用，能防止心腔过度扩大，以保持血容量恒定，从而使人体的血压维持在正常水平。

新规范实施后，不切开胸骨的微创旁路移植手术也有很大的可能按照重度疾病理赔。比如，微创冠状动脉搭桥术是在胸腔镜的辅助下切开心包实施手术的，并不用开胸，但现在也是可以按照重度疾病理赔的。

心脏手术除了外伤，还有内伤。比如，把一段正常的血管用针和线缝到出现病变的血管上面。我们可以想一想，是天生的血管结实，还是用针线缝合后的血管结实？当然是前者，后者在没有长牢固之前是非常脆弱的。对于做过冠状动脉搭桥术的患者来说，无论是开胸还是微创实施，都会造成非常严重的内伤，需要一段相当长的时间停止工作，卧床休息，这正符合重疾险提供保障的条件。

那么，为什么旧规范不保障微创的冠状动脉搭桥术呢？因为这种手术对医生的技术要求极高，2007年以前能做这种手术的医生不多。但是，随着医疗水平的发展和进步，现在能做这种手术的医生逐渐增多，有机会接受手术的患者也就更多了，于是中国保险行业协会和中国医师协会与时俱进地做了定义修订。

不过，新规范仍然不保障支架手术，但这并不意味着重疾险的设计落后于医学的发展。重疾险是弥补患者的收入损失的保险，主要看其处于什么样的失能状态，长期严重失能即为重度疾病，短期部分失能则为轻度疾病。随着医学进步，医生可以让某种疾病的患者摆脱失能风险，相关的重疾险保障条款也就理所应当地取消了。

冠状动脉搭桥术的理赔要点

理赔时机：术后理赔（有先赔服务除外）。手术包括标准开胸手术、小切口开胸手术、胸腔镜手术、达芬奇机器人手术。

核心材料：住院病历、手术记录。

特别注意：支架手术、激光打孔手术以及没有切开心包的血管缝合等其他治疗方法不在赔付范围内。

小贴士

冠状动脉搭桥术后康复的六个要点

1. 伤口勤护理

实施冠状动脉搭桥术以后，如果患者的伤口愈合良好，拆线之后没有发现刀口附近有红肿，在结痂还没有褪去时，可以擦拭刀口以外的部位。

2. 戒烟

吸烟是导致心脏病的重要因素，患者严禁吸烟。

3. 做家务和简单的活动

需要注意的是，患者一次站立不要超过15分钟，不要举起超过5千克的物品，也不要推拉重物。患者可以每天进行散步运动。

4. 维持体重以及健康饮食

术后患者应当每天适量摄入水果和蔬菜以及全谷物的食品，可以多吃鱼类、蛋类等蛋白质含量较高的食物，减少饱和脂肪（不健康的脂肪，主要是畜禽的肥肉）的摄入。

5. 在指导下进行心脏康复训练

患者应接受心脏的健康教育和康复训练，正确认识和对待病情。家属应主动与患者沟通，帮助患者恢复自主生活，给予心理支持。

6. 遵照医嘱，长期服药

术前的高血压、冠心病用药，术后仍需遵照医生的要求，长期服用。

第六章

严重慢性肾衰竭

严重慢性肾衰竭

指双肾功能慢性不可逆性衰竭,依据肾脏病预后质量提议(K/DOQI)制定的指南,分期达到慢性肾脏病 5 期,且经诊断后已经进行了至少 90 天的规律性透析治疗。规律性透析是指每周进行血液透析或每天进行腹膜透析。

认识慢性肾衰竭

本书第四章"重大器官移植术或造血干细胞移植术"已经讲解了肾脏的功能,它是人体内非常强大的过滤系统。鱼缸里通常会有一个水循环过滤系统,即用过滤棉、生化球等不断地循环过滤、净化鱼缸里的水。这与肾脏对人体的过滤功能非常像。人的肾脏相当于鱼缸过滤器的盒子,真正起到过滤作用的是里面的肾小球(见图6-1),它通过持续不断的血液循环,把人体有毒的物质、血液里多余的水分、代谢产物等全部过滤并排出去,从而维持人体内环境的稳定。

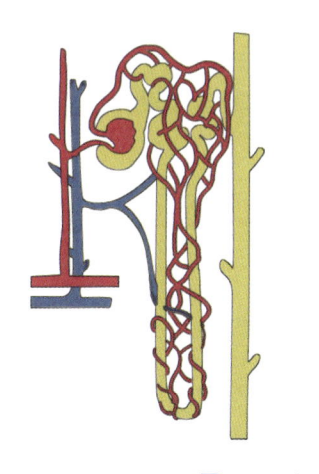

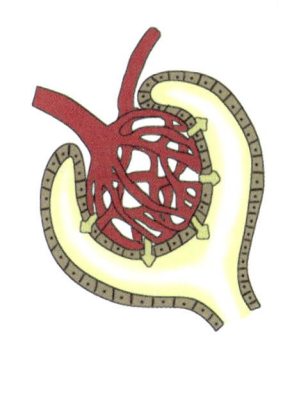

图 6-1 肾小球示意图

简单来说，肾衰竭就是肾功能不全，即由不同原因引起肾功能部分或者全部丧失的一种病理状态。肾衰竭分为急性肾衰竭和慢性肾衰竭两种。

慢性肾衰竭是一个慢性进展的过程，表现为肾脏功能随时间逐渐下降，最终造成肾脏衰竭。这样的衰竭是不可逆的。当肾脏完全丧失过滤排毒的功能时，人体内的血液垃圾就无法被带走，堆积到一定程度，就变成了"毒血"，会危及患者的生命。这也就是我们通常所说的"尿毒症期"。所以，尿毒症不是尿有毒，而是血有毒。

导致肾衰竭最常见的原因是各种肾炎，比如狼疮性肾炎、肾小球肾炎等。中毒也会导致肾衰竭，比如摄入过多的重金属、农药等，都会伤害到肾脏。所以，日常生活中我们一定要注意健康饮食，别让肾脏超负荷工作。

衡量肾功能的三个指标

医学上，衡量肾功能的临床指标有三个：肌酐、尿素氮、肾小球滤过率。

肾脏是负责过滤肌酐和尿素氮的，但尿素氮并非判定肾功能的敏感指标。人体内的尿素氮主要来自日常饮食，我们平时吃的米饭、蔬菜、肉以及其他各种食物都会带来过量的尿素氮。所以，尿素氮不像肌酐那么稳定，可能会忽高忽低。如果我们在做体检的时候发现尿素氮升高，不必惊慌，只要清淡饮食几天，多吃水果蔬菜，少吃米饭和肉，再去医院检查，往往就会发现尿素氮降下来了。因此，我们比较难根据尿素氮指标的变化判定背后的原因究竟是什么。

肌酐是人体内部自己生成的，又叫内生肌酐，只有当肾脏功能失代偿①时，血清肌酐才会上升。也就是说，只有当肾脏功能受到中等程度以上的损害时，血清肌酐检测才有异常。所以，我们通过这个指标很容易判断肾脏功能的情况。

判定肾功能最准确的指标是肾小球滤过率（Glomerular Filtration Rate，GFR），它是评估肾功能的一项非常重要的指标。打个比方，鱼缸里的过滤器每分钟过滤 5L 水，其滤过率就是 5000mL/min，代表过滤器的工作效率。肾脏的功能是过滤血液中的脏东西，它的工作效率就是肾小球滤过率。肾小球滤过率值的正常范围是 80～120mL/（min·1.73m^2），人体全身的血液 40 分钟左右就能被肾脏完全过滤一遍，健康肾脏的过滤效率是非常高的。

在临床检测中，医生只要给患者的静脉注射显像剂，然后用仪器快速动态采集双肾的放射性影像，就能测算出双肾的肾小球滤过率。这种方法无创、准确，并且可以分别观察两个肾脏的肾小球滤过率值。不过，并不是所有医院都能做这种放射性检测的，患者要去有放射性检测科的部分大型三甲医院才行。

大多数医院采用的方法是估算患者的肾小球滤过率，公式如下：

男性的估测结果 =1.23×（140- 年龄）× 体重（kg）÷ 血清肌酐（µmol/L）

女性的估测结果 =1.04×（140- 年龄）× 体重（kg）÷ 血清肌酐（µmol/L）

---

① 失代偿是指器官功能损害的程度已经导致残留的功能无法再满足人体正常的新陈代谢需要，说明疾病开始逐渐走向一个难以逆转的程度。

慢性肾脏病的分期

不管用什么方法，必须有肾小球滤过率的检测结果，医生才能判定患者的肾功能处于哪个阶段。目前国际公认的根据肾脏病预后质量提议（K/DOQI）制定的指南，将慢性肾脏病（Chronic Kidney Disease，CKD）分为 1～5 期（见表 6-1）。

表 6-1　K/DOQI 对慢性肾脏病的分期及建议

分期	特性	GFR[mL/(min·1.73m^2)]	防治目标及措施
1	GFR 正常或升高	≥ 90	CKD 病因诊治，缓解症状；保护肾功能，延缓 CKD 进展
2	GFR 轻度降低	60～89	评估、延缓 CKD 进展；降低 CVD（心血管病）风险
3a	GFR 轻到中度降低	45～59	延缓 CKD 进展
3b	GFR 中到重度降低	30～44	评估、治疗并发症
4	GFR 重度降低	15～29	综合治疗，肾脏替代治疗准备
5	终末期肾脏病	<15 或透析	适时肾脏替代治疗

患者在 1 期的时候已有肾脏病，但 GFR ≥ 90mL/(min·1.73m^2) 是正常的。这时候患者要减少体内蛋白质通过尿液损失，以减缓肾脏病情继续发展。

如果患者没有注意到肾脏问题，病情继续发展就会进入 2 期。此时 GFR 为 60～89 mL/(min·1.73m^2)，说明肾脏功能已经开始轻度下降。这时候患者应当进一步减缓肾脏病情，也可以降低心脑血管疾病的发生风险。

到 3 期的时候，GFR 降低到 30 ~ 59 mL/（min·1.73m²），患者需要积极地治疗肾脏疾病及并发症，比如高血压、糖尿病、心脑血管疾病等。

4 期时患者的肾功能重度下降，GFR 只有 15 ~ 29 mL/（min·1.73m²），已经是透析前期，需要为透析做准备了。患者在这个时期的病情很不稳定，有一点儿风吹草动（如感冒），情况就可能变得很严重，快速掉入 5 期，这时候就需要开始透析了。但如果此时好好调养，使肾功能恢复到 4 期，就可以停止透析。所以，4 期是病情的临界点，如果调养得当，很多患者可以让肾功能一直维持在 4 期，不用进入透析阶段。

这里还需要补充一下，很多人简单地认为只有血清肌酐值不低于 707 μmol/L[①] 的时候才需要做透析，因为这个数值代表肾功能重度减退。实际上，除了血清肌酐高，肾衰竭患者出现以下情况时也要进行血液透析：

（1）脑功能异常，也就是尿毒症性脑病。

（2）某种严重症状，比如食欲减退或者饭后有明显的恶心、呕吐等。

（3）心包膜炎症，即心包炎。

（4）酸中毒，通过药物治疗不能明显改善。

（5）心力衰竭。

（6）严重的水肿。

（7）经过药物治疗无效的肺水肿。

（8）严重的高钾血症。

---

① 成人血清肌酐的正常值为 44 ~ 133 μmol/L。

（9）高钙血症。

（10）肾功能的重度减退：血清肌酐不低于 707μmol/L；24小时尿量超过 2500mL，或 24 小时尿量少于 300mL，晚上可出现尿量少于 100mL；血清钾不低于 6.5mmol/L。

需要注意的是，本条疾病定义还要求被保险人做"规律性透析"。肾衰竭患者可能因为某些情况（如感冒、吃错东西、劳累）需要临时做透析，一旦恢复正常就不需要做透析了，这种情况不符合赔付条件，申请理赔要求进行"至少 90 天的规律性透析"。

5 期，即终末期，也就是人们常说的尿毒症期。在这个时期，患者的肾脏功能基本丧失，GFR < 15 mL/（min·1.73 m^2），只有持续、规律性地做透析才能保住性命。这才是本条疾病定义保障的重度肾衰竭。

旧规范没有明确要求参照哪个慢性肾功能不全的分期标准，理赔时通常采用国内的标准，该标准中 GFR 需要 < 10 mL/（min·1.73 m^2）才算尿毒症期。新规范中，慢性肾脏病分期采用了依据肾脏病预后质量提议（K/DOQI）制定的指南，尿毒症的界定从 GFR < 10 mL/（min·1.73 m^2）提高到了 GFR < 15 mL/（min·1.73 m^2），理赔条件略微宽松了。

什么是透析治疗

透析治疗分两种：一种是血液透析，另一种是腹膜透析。

1. 血液透析

医生先将患者靠近手腕部位的动脉和邻近的静脉缝合在一起，使静脉中流着动脉血，这在医学上叫作动静脉内瘘，目的是让静脉的血液流动速度变快，保证透析的充分性。内瘘成熟至少需要4周时间，最好等 8～12 周时再做穿刺，把血液从人体中放出来。血液透析是把患者的血液放到体外，通过透析膜完成过滤，再回输体内。透析膜就像一个过滤网，能够把血液中的脏东西过滤掉。

血液透析治疗一般每周 3～4 次，每次需要 4～6 小时（见图 6-2）。开始血液透析 6 周内，尿毒症症状就会逐渐好转，如果能坚持合理地做透析，大多数尿毒症患者的生活质量可以得到显著改善，从而大大提高患者的存活率。

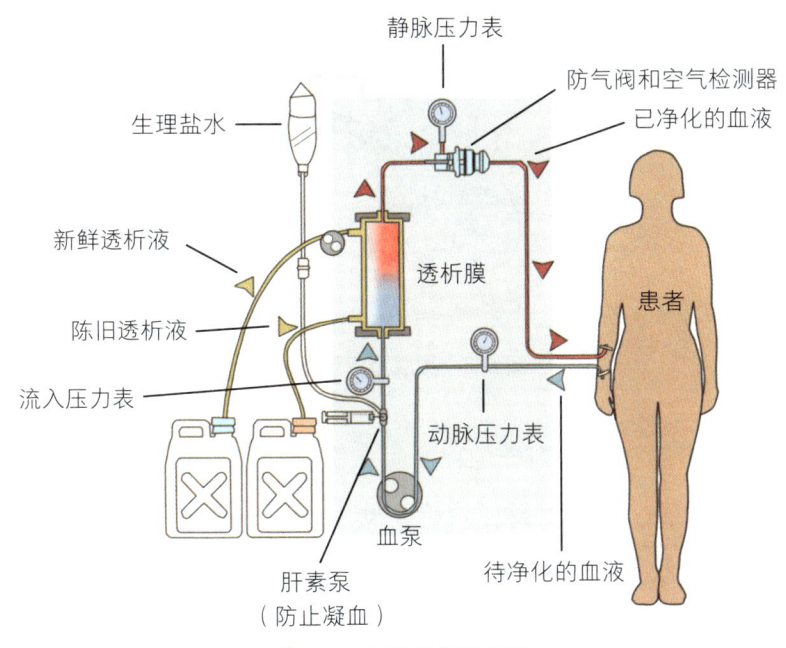

图 6-2 血液透析示意图

2. 腹膜透析

它和血液透析的原理相同，只不过透析是使用人体自身的腹膜完成的（见图 6-3）。我们体内的腹膜是一种半透膜，和透析膜一样能起到过滤作用，而且腹膜的展开面积大约有 $2.2m^2$，比体表面积还要大。采用腹膜透析排毒比较平稳，其设备简单，操作方便，安全有效，经济负担也较轻，患者比较容易接受。

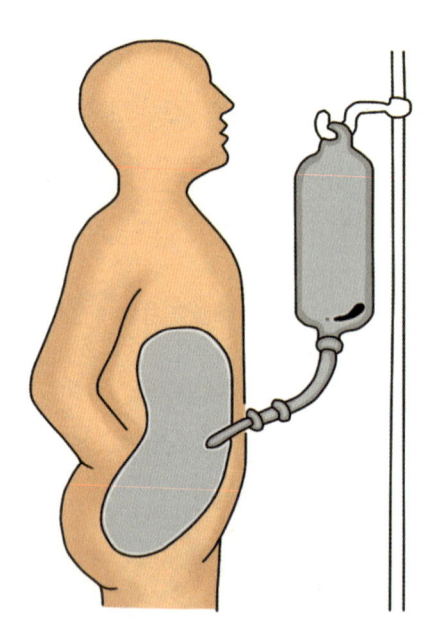

图 6-3　腹膜透析示意图

当患者肾功能差到一定程度时，就需要做好长期透析的准备。对于尿毒症患者来说，除了透析，没有其他更好的治疗方法，因为没有任何药物可以代替肾脏的作用。

肾脏的功能是非常强大的，即使肾小球过滤功能下降 50%～70%，血液中的脏东西也还是可以被勉强过滤干净的，此时患者身体甚至不会出现不适的感觉；当肾小球过滤功能下降超过 70%，血液中滞留的脏东西含量才会逐渐升高；下降超过 90%，血液才会脏到人体无法忍受的程度，这时候才算是尿毒症期，需要去做透析。

严重慢性肾衰竭的理赔要点

理赔时机：确诊 90 天以后。

核心材料：规律性透析病历。

理赔依据：GFR ＜ 15mL/(min·1.73m^2)；90 天规律性血液透析或腹膜透析。

特别注意：只出现血清肌酐升高的情况不能理赔。

小贴士

防治肾衰竭的四个要点

1. 作息规律

避免熬夜，作息时间要规律，保证有良好的睡眠。经常性的熬夜、劳累会对包括肾脏在内的身体器官造成损害，可能成为直接或间接损伤肾脏的危险因素。

2. 谨慎服用肾毒性的药品，不随意服用保健品、补品

对具有肾毒性的药物必须谨慎服用，一定要在专科医生指导下使用。保健品、补品同样不能随意服用，如果过量补充某些成分，可能会对肾脏造成损害。

3. 增强体质，提高抵抗力

及时治疗可能会引起脱水的症状，比如腹泻、呕吐或发热等，同时要防止感染因素对肾脏造成损害。

4. 定期检测血糖、血压、血脂以及肾功能

有糖尿病、高血压等基础疾病的患者，要注意定期检测血糖、血压、血脂，这些基础疾病会对肾脏造成持续性的损害。此外，定期检测肾功能有利于及早发现并治疗肾脏疾病，避免最终发展成尿毒症。

第七章
多个肢体缺失

多个肢体缺失

指因疾病或意外伤害导致两个或两个以上肢体自腕关节或踝关节近端（靠近躯干端）以上完全性断离。

保障多个肢体缺失的意义

保障多个肢体缺失，其实是保障被保险人能够保持较高的生活质量。基本医疗（通常所说的医保）和大部分商业医疗险提供的保障是让被保险人有机会存活下来，因为遭遇意外而导致的截肢，如果不进行医疗处理，有可能会危及患者的生命。但是，经过治疗的那些肢体缺失患者虽然不再有性命之忧，却要面临与之前完全不同的生活方式，随之而来的，可能还有生活质量的下降。

肢体缺失患者为了提高生活质量所产生的花费，比如安装假肢、进行康复训练等，基本医疗和大部分商业医疗险是不提供保障的，患者只能自己想办法解决。而重疾险的意义在此时就显现出来了，它可以帮助肢体缺失患者提升生活质量。

多个肢体缺失的疾病定义要点

肢体缺失其实很好理解，比如工厂工人因机器操作不当或失误被迫截断手臂或腿，发生车祸、房屋倒塌、地震、雷击等导致肢体坏死而不得不截肢……除了以上这些意外伤害所致的肢体缺失，疾病也会导致肢体缺失，比如患有脑瘫、肢体瘫、偏瘫、糖尿病等疾病，会导致人体运动功能障碍。但是，并非任意程度的肢体缺失都可以按照本条疾病定义申请理赔。

肢体分为上肢和下肢，一段完整的肢体包括三大关节（见图7-1）。上肢包括肩关节、肘关节和腕关节；下肢包括髋关节、膝关节和踝关节。本条定义中的"近端"及相反的"远端"是指关节相对于心脏距离的远近，离心脏近的为近端，反之则为远端。

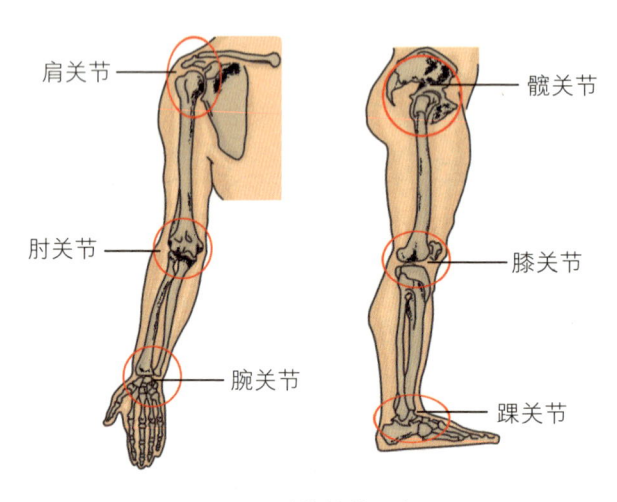

图 7-1 肢体关节示意图

疾病定义中说，多个肢体缺失"指因疾病或意外伤害导致两个或两个以上肢体自腕关节或踝关节近端（靠近躯干端）以上完全性断离[①]"。这句话有两个要点：第一，肢体缺失必须自腕关节或踝关节近端以上完全性断离，也就是说，手腕或者脚腕以上要完全断掉才算，从手掌处发生的完全性断离不能按照本条疾病定义理赔；第二，必须有两个或两个以上的肢体发生缺失才符合赔付条件，如果单独断了一只手或者单独断了一只脚，是不能按照本条疾病定义理

---

① 完全性断离是指肢体完全离体，无任何组织与身体相连。

赔的，不过有些保险公司的轻度疾病可能包含该保险责任。

断离肢体的保存

如果被保险人因意外发生肢体断离，如何保存断肢（包括手指和脚趾）才能获得最大的再植成功率呢？发生肢体断离以后，断肢的保存是非常重要的，如果保存得当，就为再植和康复争取到了先决条件；如果保存不当，那么本来可以再植的肢体，就可能因为出现问题导致无法再植，此时医生技术再高明也没办法。

对于断肢的保存，最科学合理的方法是用无菌湿纱布包好，再包以无菌干纱布，置于4℃的冰箱中冷藏。在伤后转运过程中，可将断肢用清洁布包扎，放在无孔塑料袋内，置于有冰块的保温瓶内冷藏。切不可以将断肢直接放置在冰块上或冰箱冷冻室内，否则会造成细胞液的水分冷冻膨胀，致使细胞膜破裂，细胞死亡，无法实施再植手术。

断肢不能浸泡在任何溶液中，无论是乙醇、苯扎溴铵（新洁尔灭）溶液、生理盐水、葡萄糖溶液，还是融化的冰糕水、冰水，所有等渗、低渗或高渗的溶液都会造成组织脱水或水肿，使血管的内皮细胞受损，影响再植手术。不过，浸泡后的断肢并非完全没有机会再植，这要看浸泡时间的长短及组织损害的程度。断肢保存就绪后应立即随同患者一起送医救治。

神奇的再植术

肢体断离后，通过手术缝合的方法可以将断肢与身体拼接起来，使其恢复部分功能。实际上，现代医学的断肢再植手术已经非常成熟。有一个真实病例是这样的：患者的一只手断掉了，医生通过手术暂时把这只手和患者的脚接在了一起。这样做的原因在于，这名患者的患处因火烧或碾压受了损伤，不适合立即做断肢再植手术，必须先让伤口恢复一下。为了保证在这段恢复期里断肢能良好存活，医生就把它暂时和患者的脚接到一起静养，等到伤口适合做再植手术时，再把断肢从脚上拿下来实施手术。

对患者来说，出现肢体断离的情况，一定要想办法保住断肢，进行再植手术。

那如果患者肢体断离以后又重新接回去了，而且还恢复了部分功能，重疾险赔不赔呢？答案是肯定的。根据本条疾病定义可知，只要是因疾病或意外伤害导致的两个或两个以上肢体完全性断离，就符合赔付条件，并没有强调是否进行了治疗。所以，无论患者有没有进行断肢再植手术，保险公司都会赔付保险金。

如果被保险人有意外险，则不需要达到多个肢体缺失或全残的状态，就可以按照我们国家通行的伤残等级申请意外伤残理赔。即使是把断掉的肢体重新接回去这种情况，大概率也能得到意外险理赔条款的支持。当然，意外险的理赔必须以发生意外伤害为前提，如果是疾病造成的断肢等残疾，意外险就无能为力了。

由此我们也可以看出，个人或家庭的保险配置应该有多个险种综合覆盖，才能确保在不可预测的风险发生时有周全的保障。如果只买一种产品，难免会存在保障缺口。这也是很多保险从业人员定期为客户做保单检视的原因。目前市面上的许多重疾险也会包含"全残"的保障。

多个肢体缺失的理赔要点

理赔时机：出院后。

核心材料：肢体缺失相关病历。

理赔依据：腕关节和踝关节是判断是否属于肢体缺失的关键部位。

小贴士

肢体残疾患者家属的四个责任

肢体残疾会给患者的生活带来诸多不便，肢体残疾患者的家属要学会对他们进行科学的护理，为他们提供科学的帮助。肢体残疾患者家属有四个责任。

1. 心理护理

有些肢体残疾患者无法行动，活动范围受限，所涉及的生活领域也会受到限制，容易产生孤独感。少数永久性严重残疾的患者，由于长期需要别人的帮助，所以内心会产生一种缺乏安全感的焦虑。这类患者可能会有高度自卑的心理，甚至会极力抗拒与人接触，严重时还可能产生轻生的念头。这就需要家属提供心理上的支持，通过沟通了解患者的心理，做好精神状态的看护，帮助患者平衡心态，积极面对。

2. 环境卫生的要求

肢体残疾患者对各种声响比较敏感，所以家属在做各种动作时应该做到轻、稳、准，避免"噪声"给患者带来心理上的刺激。对于室内环境，要经常通风，并保持房间的整洁。由于患者行动不便，家属在平时需要帮患者勤翻身，保持患者被褥、枕头、衣物以及生活用品的清洁。

3. 均衡饮食的要求

对于肢体残疾患者来说，预防并发症是一场非常重要的持久战。有消化系统疾病的患者要注意饮食，选择易消化的食物，粗细搭配，多吃杂粮、豆类、鱼类、蛋类、奶类和蔬菜水果，保证摄入丰富的营养，增强机体抵抗力。

4. 肢体残疾功能训练

家属应在专科医生的指导下，帮助患者养成持续、正确的康复训练的习惯，提高患者身体的综合协调能力和精细动作能力，帮助其掌握穿衣、如厕、进食等基本日常生活活动，学会一些基本的职业技能，使患者尽早地回归社会。这个过程，需要患者和家属共同努力。

第八章
急性重症肝炎或亚急性重症肝炎

急性重症肝炎或亚急性重症肝炎

指因肝炎病毒感染引起肝脏组织弥漫性坏死,导致急性肝功能衰竭,且经血清学或病毒学检查证实,并须满足下列全部条件:

(1)重度黄疸或黄疸迅速加重;
(2)肝性脑病;
(3)B超或其他影像学检查显示肝脏体积急速萎缩;
(4)肝功能指标进行性恶化。

肝脏的主要功能

肝脏位于我们腹腔右侧的肋骨里面,被肋骨保护着(见图8-1)。它是人体非常重要的器官,其功能主要有以下四个方面:

第一,分泌胆汁,促进食物的消化和吸收。很多人误以为胆汁是由胆囊分泌的,其实不然,胆汁由肝脏分泌,经过肝内胆管再汇入胆囊。所以,胆汁只是储存在胆囊中。

第二,体内物质的"生产车间"。我们体内的许多物质都是由肝脏制造的,比如最重要的蛋白质,很多重症患者需要输入的人血白蛋白,就是由肝脏制造出来的;肝脏还生产脂肪,尤其是人体内的血脂[1],都是由肝脏制造出来的;肝脏还把我们摄入的糖加工成身体可以利用的糖,并把它储藏起来,血糖有很大一部分就是这么来的。

第三,必不可少的"化学工厂"。肝脏是我们身体的解毒器官,可以保护机体不受损害,外来的或体内代谢产生的有毒物质,全部要经过肝脏分解、代谢,才能排出体外。

第四,重要的血液枢纽。肝脏是人体内最大的血液中转中心,所有的血液都要经过肝脏加工,过滤掉其中的杂质。肝脏还会把身体中20%~25%的血液暂时储存,当身体受伤时,这些血液会被

---

[1] 血脂:血浆中的中性脂肪(甘油三酯)和类脂(磷脂、糖脂、固醇、类固醇)的总称,广泛存在于人体中。

肝脏释放出来，补充到缺血的地方去。

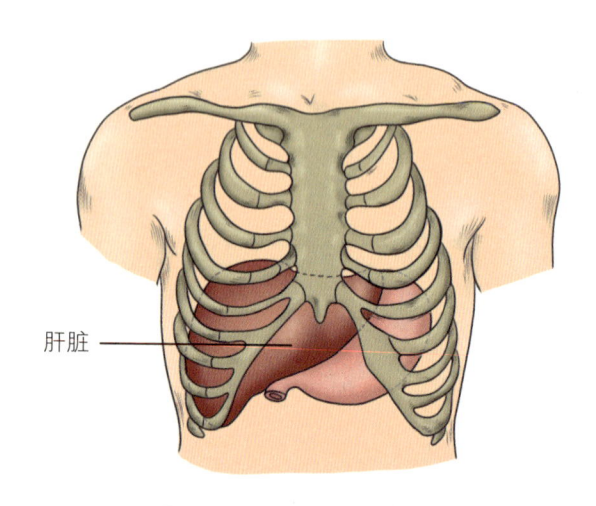

图 8-1　肝脏的位置示意图

五种病毒性肝炎

肝炎是我们生活中经常被提到的疾病，它到底是什么原因引起的呢？最常见的是肝炎病毒，它的本质和新型冠状病毒一样，前者引起的是肝部的炎症，后者引起的是肺部的炎症。

目前临床医学发现并能诊断出的导致肝炎的病毒有五种类型：甲、乙、丙、丁、戊型。由这五种肝炎病毒引起的，以肝脏损害为主的病毒性肝炎，分别称为甲型病毒性肝炎（简称"甲肝"）、乙型病毒性肝炎（简称"乙肝"）、丙型病毒性肝炎（简称"丙肝"）、丁型病毒性肝炎（简称"丁肝"）、戊型病毒性肝炎（简称"戊肝"）。其中，最常见的是甲肝和乙肝，丙肝相对少见，丁肝和戊肝则比较罕见。为便于对比和了解，我们将五种病毒性肝炎的情况总结在表 8-1 中。

表 8-1　五种病毒性肝炎的情况

疾病名称	甲肝	乙肝	丙肝	丁肝	戊肝
病原（简写）	HAV	HBV	HCV	HDV	HEV
疾病特点	多为急性肝炎	多为慢性肝炎，可发展为肝硬化、肝癌	起病隐匿，容易被忽视	初期症状隐匿，一旦出现症状就比较严重	多为急性肝炎
症状表现	病毒性肝炎临床表现几乎相同，常见的症状包括：食欲不振、恶心、呕吐、腹胀、疲倦乏力，还可能出现肝掌、蜘蛛痣、黄疸等				
发病情况	发病率逐年下降	我国感染人数近一亿人，整体呈下降趋势	我国约有1000万名感染者，发病率逐年上升	—	发病和死亡人数已超越甲肝
传播途径	主要通过粪-口传播，也可能通过日常生活接触传播	主要通过血液、母婴、性接触传播。共同吃饭、日常接触等不会传染	主要通过血液、母婴、性接触传播	只有感染乙肝病毒者才可能继续感染丁肝病毒，传播途径与乙肝类似	主要通过粪-口以及食物传播，比如被污染的水和食物
致癌性	否	是	是	不确定	否
治愈机会	80%以上的患者3个月内临床症状消失，肝功能恢复，6个月内完全治愈	无法彻底治愈	早诊断并接受有效治疗，90%以上的患者有望治愈	尚无有效治疗手段	单独感染该种病毒基本可以完全治愈
疫苗	有	有	2014年日本发明口服丙肝疫苗，但仍在实验阶段	乙肝疫苗也可间接预防丁肝	有，但并未被普遍认可

上述五种病毒性肝炎，主要有以下特点：

（1）甲肝、乙肝、丙肝、戊肝都不易引起又急又重、暴发性的肝衰竭,而丁肝易表现为急性重症肝炎,也就是急性肝衰竭。每10个丁肝患者中,有8个是急性肝衰竭。虽然本条疾病定义保障的是"因肝炎病毒感染导致急性肝功能衰竭",但是感染丁型肝炎病毒的患者所表现出的症状常常是符合急性肝衰竭的。

(2)甲肝和戊肝不会导致慢性肝炎,乙肝、丙肝和丁肝容易导致慢性肝炎。

(3)乙肝和丙肝会致癌,其中乙肝是国内感染人数最多的病毒性肝炎类型,所以因乙肝导致的癌症比较常见。其实,丙型肝炎病毒最凶险,丙肝的致癌率比乙肝要高得多。在临床医学上,相当一部分丙肝患者的病症都会转化成癌症,这是非常可怕的。丙肝患者在投保重疾险时,其核保规则和乙肝患者也不一样。乙肝患者可能会被保险公司加费承保,可能会被延期,也可能会被责任除外承保;丙肝患者则一律会被拒保。下面是肝炎的恶性发展进程(见图8-2)。

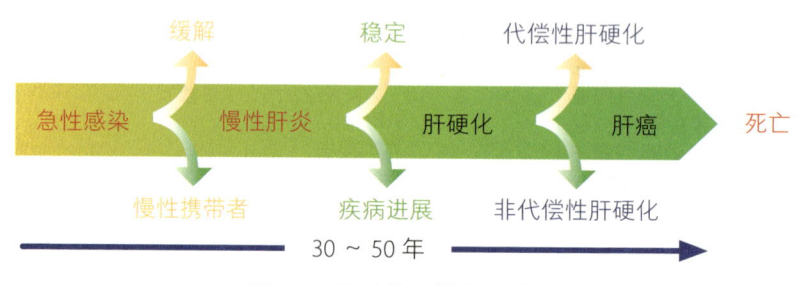

图 8-2 肝炎的恶性发展进程

那么,这些肝炎可不可以预防呢?有的是可以的,比如甲肝和乙肝都可以通过接种疫苗来预防;但丙肝、丁肝和戊肝,目前还没有可普遍应用的疫苗。

本条疾病定义要求"因肝炎病毒感染引起",也就是说,必须是由这五种肝炎病毒感染导致的肝炎才在保障范围内，其他原因导致的肝炎不在保障范围内。临床上会有一些非病毒性肝炎，比如药物性肝炎、酒精性肝炎、胆管胆囊出现问题引起的肝炎、细菌性肝炎、肿瘤引起的肝炎等，都是不能根据本条疾病定义申请理赔的。

血清学与病毒学检查

对于病毒性肝炎的检查需要做血清学或病毒学检查。

血清学检查，就是在血清[①]中识别各种特定外来物独特特征的检查方法。血清学检查的项目有多种，比较常见的项目为乙肝五项（见表8-2）。

表8-2 乙肝五项的名称及阳性解读

中文名称	英文简称	乙肝五项中单项阳性的意义
乙肝表面抗原	HBsAg	阳性表示感染了乙肝病毒；并不反映病毒有无复制、复制程度、传染性强弱
乙肝表面抗体	HBsAb（抗HBs）	阳性表示对乙肝病毒的感染具有保护性免疫作用；乙肝疫苗接种者，若此项阳性，应视为乙肝疫苗接种后的正常现象
乙肝e抗原	HBeAg	阳性说明传染性强；持续阳性3个月以上则有慢性化倾向
乙肝e抗体	HBeAb（抗HBe）	阳性说明病毒复制减少，传染性弱，但并非没有传染性
乙肝核心抗体	HBcAb（抗HBc）	阳性说明既往感染过乙肝病毒

---

① 血清指血液凝固后，在血浆中除去纤维蛋白原及某些凝血因子后分离出的淡黄色透明液体或指纤维蛋白原已被除去的血浆。

病毒学检查是对肝炎病毒 DNA 的检测，它是医生诊断和用药的重要依据。比如，经病毒学检查检测出的乙肝病毒 DNA 含量，能直接反映患者体内的病毒数量以及是否具有传染性，医生可据此对症下药，选择合适的抗病毒药物。但是，乙肝病毒的数量并不能体现肝脏的损伤程度，因此，医生无法据此判断患者病情的严重程度。本条疾病定义明确要求"经血清学或病毒学检查证实"，所以，申请理赔的患者通常都要做这个检测。

申请理赔必须满足哪些条件

根据本条疾病定义可知，申请理赔还要同时满足四项条件。

1. 重度黄疸或黄疸迅速加重

人体内的红细胞破裂产生的血红蛋白通过代谢形成有毒性的胆红素，会对大脑和神经系统造成不可逆的损害，而肝脏是可以清除胆红素的。如果肝脏出现问题，无法清除胆红素，导致胆红素堆积，患者的皮肤和眼结膜就会变黄，有些患者的嘴唇和口腔甚至都会出现这种发黄状态。医生通过肝功能化验中的胆红素检查，可以判断黄疸的严重程度。本条疾病定义要求"黄疸迅速加重"，是指胆红素的数值每天比前一天至少升高一倍，持续 3 天。

许多新生儿都会在出生后不久出现黄疸状态，这种情况比较特殊。胎儿在母体中的时候，血液中的红细胞含量非常高，可以是正常人的好几倍。这是因为胎儿泡在羊水里是不呼吸的，所有氧气都通过胎盘获得，而胎盘的氧气浓度和流量非常高，需要更多的红细胞才能高效地运输。但是胎儿出生以后，脱离母体自己呼吸，就不需要那么多红细胞了，这可能导致大量红细胞在短时间内破裂，而肝脏来不及把多余的胆红素代谢掉,所以体内胆红素升高,新生儿就会出现黄疸。

遇到这种情况家长该怎么办呢?只要孩子的肝功能是正常的,照一下蓝光促进胆红素的代谢,就可以很快恢复正常,这是生理性黄疸。如果是肝炎引起的新生儿黄疸,光疗是没有用的,因为孩子的肝脏功能已经衰竭,这就是病理性黄疸。区分生理性黄疸和病理性黄疸是保险公司对于新生儿健康核保的重要依据(见表 8-3)。

表 8-3 新生儿生理性黄疸和病理性黄疸的表现

分类	表现
生理性黄疸	出生后 2～3 天出现,4～5 天到达高峰,一般 2 周内会消退
病理性黄疸	全身皮肤颜色偏深橙黄色、睡眠精神状态不好、躁动哭闹不止

2. 肝性脑病

肝脏的主要功能之一就是充当人体的"化学工厂",它也是人体最能"忍辱负重"的器官,即便有 2/3 的功能已经被损害,肝脏指标也有可能是正常的。也就是说,只要还有 1/3 的正常细胞,肝脏就可以完成日常的工作。在疾病治疗中,只要切除的肝脏部分不超过 2/3,它就可以维持正常工作状态。

如果饮食中的蛋白质含量过高,人体就会产生大量需要代谢的毒性物质。患者在肝硬化阶段,由于肝脏的解毒能力下降,导致毒性物质无法正常排出体外,随着血液进入大脑,就会出现大脑中毒的情况。患者往往会表现出意识障碍、行为失常以及昏迷等症状,这种情况就叫作肝性脑病。肝性脑病一旦出现,就会导致患者失能。

3. B超或其他影像学检查显示肝脏体积急速萎缩

肝脏如果出现疾病，就会变得硬邦邦的，体积明显缩小。医生可以通过B超和CT来判断肝脏体积的变化，只要看到肝脏急剧缩小，就可以明确诊断为肝脏萎缩。打个比方，正常人的肝差不多有42码的鞋那么大，如果肝细胞大量坏死或者发生肝硬化导致肝脏萎缩，其体积就变成了原来的1/3。而慢性乙肝患者的肝硬化和肝脏体积的变化是慢性的，可能需要十几二十年时间，这就不符合本条疾病定义的理赔要求，因为患者的肝脏不是"急速萎缩"的。

肝脏体积急速萎缩，是指这个变化发生在10天到3个月之内。如果要证明患者发生肝脏急速萎缩，两次B超和CT检查的时间间隔最好不要超过10天。只要对比两次检查图像，看到肝脏体积明显缩小，就符合疾病定义的相关要求。所以，患者申请重疾险理赔之前，需要做两次及以上检测，如果只做过一次相关检查，就会给核赔判定造成阻碍。

4. 肝功能指标进行性恶化

临床体检经常会提到肝功能化验，就是抽血化验患者的肝功能。表8-4列举了肝功能化验的检查项目及正常参考值[①]。

---

① 不同医院由于检测试剂和仪器的不同，肝功能各检查项目的正常参考值会存在差异。

表 8-4　肝功能化验的检查项目及正常参考值

检查项目	正常参考值
总蛋白（TP）	66～83g/L
白蛋白（ALB）	35～55g/L
球蛋白（GLB）	18～35g/L
白球比（A/G）	1.3～2.5
总胆红素（TBil）	2～25μmol/L
直接胆红素（DBil）	0～6μmol/L
间接胆红素（IBil）	0～20μmol/L
谷丙转氨酶（ALT）	1～50IU/L
谷草转氨酶（AST）	1～50IU/L
γ-谷氨酰转移酶（γ-GT）	2～56IU/L
碱性磷酸酶（ALP）	30～130IU/L

肝功能化验的项目主要可以分成三类：

（1）蛋白质指标，包括总蛋白、白蛋白、球蛋白含量和白球比（白蛋白/球蛋白）。前面已经说过，人体的许多蛋白质是由肝脏制造出来的，一旦肝脏衰竭，蛋白质不能正常生产，就会导致血液中的蛋白质含量明显降低。腹水就是体内白蛋白不足导致的。

（2）胆红素指标，包括总胆红素、直接胆红素、间接胆红素含量。它们代表肝脏分泌胆汁的功能强弱。患者的肝脏出现问题时，血液中胆红素指标就会出现异常，严重时会出现黄疸。

（3）酶类指标，包括谷丙转氨酶、谷草转氨酶、γ-谷氨酰转移酶和碱性磷酸酶含量。它们的名称中都有一个"酶"字。酶是肝脏这个化学工厂的"车间"进行生产的时候才用得到的，是肝脏细胞中含有的特殊物质。只有在肝脏细胞破裂这种情况发生时，这些酶才会被释放出来，出现在人体血液里。所以，抽血化验看到这几个酶的指标，体现的是患者肝脏细胞有多少破裂了、死掉了，并不能直接反映肝脏的功能强弱。指标数值越高，说明肝脏细胞死亡数量越多。不过，有一种情况是例外的，就是如果肝脏细胞几乎全部死光，这些酶的指标反而会降低或回到正常值。因此，在肝脏衰竭后期，检测这几种酶是无法得知患者病情轻重的。

患者在住院治疗期间，至少需要做 3 次肝功能检验，并与正常值进行对比。如果上述三类指标中的任意一个或者几个越来越高，医生就可以判定肝功能进行性恶化了。

急性重症肝炎或亚急性重症肝炎的理赔要点

理赔时机：肝性脑病出现以后。

核心材料：病毒性肝炎的血清学或病毒学诊断证明。

理赔依据：重度黄疸或黄疸迅速加重，肝性脑病，B 超或其他影像学检查显示肝脏体积急速萎缩，肝功能指标进行性恶化，这四项条件须全部满足。

小贴士

急性肝炎患者的五个注意事项

1. 进行家庭隔离

患者应适当进行隔离，尽量单独住一个房间，并保持居住环境卫生和个人卫生，还可以根据自身情况选择接种甲肝、乙肝疫苗。

2. 注意休息

患者应立即停止工作，卧床休息。

3. 饮食清淡

患者应选择易消化的食物，不吃油腻、辛辣刺激性的食物。

4. 戒酒，不服用对肝脏有损伤的药物

比如，一些非甾体类抗生素（如因腰腿疼痛吃的解热止疼药），一些降脂药、降糖药，以及可能引起肝损害的避孕药。

5. 不同类型急性肝炎患者的注意事项

（1）急性甲肝和急性戊肝是因为服用了含有病毒的物质而感染的，这种病毒通过消化道传播。因此，患者一定要注意隔离，防止传染他人。

急性乙肝患者在治疗后，需要适当休息，摄入易消化、维生素含量丰富的清淡饮食，切忌饮酒。此外，急性乙肝患者应定期检查表面抗原（HBsAg）和病毒定量。

急性丙肝是一种短期疾病，持续时间为病毒进入身体后的6个月。如果患者6个月后仍未能清除体内的病毒，就会变成长期疾病。急性丙肝的慢性化概率较高，患者需要积极进行抗病毒治疗。

（2）针对酒精引起的急性肝损伤，戒酒可以使酒精性肝炎患者的临床症状、肝功能和肝脏病理学变化逐渐出现逆转。

（3）针对药物引起的急性肝损伤，一旦确诊或者怀疑是由药物引起的，患者应当立即停药，并给予对症治疗，严密监测肝功能的变化。

第九章
严重非恶性颅内肿瘤

严重非恶性颅内肿瘤

指起源于脑、脑神经、脑被膜的非恶性肿瘤，ICD-O-3 肿瘤形态学编码属于 0（良性肿瘤）、1（动态未定性肿瘤）范畴，并已经引起颅内压升高或神经系统功能损害，出现视乳头水肿或视觉受损、听觉受损、面部或肢体瘫痪、癫痫等，须由头颅断层扫描（CT）、核磁共振检查（MRI）或正电子发射断层扫描（PET）等影像学检查证实，且须满足下列至少一项条件：

（1）已经实施了开颅进行的颅内肿瘤完全或部分切除手术；
（2）已经实施了针对颅内肿瘤的放射治疗，如 γ 刀、质子重离子治疗等。

下列疾病不在保障范围内：
（1）脑垂体瘤；
（2）脑囊肿；
（3）颅内血管性疾病（如脑动脉瘤、脑动静脉畸形、海绵状血管瘤、毛细血管扩张症等）。

第九章　严重非恶性颅内肿瘤

认识非恶性颅内肿瘤

肿瘤总的来说分为良性肿瘤和恶性肿瘤两种，所以，非恶性肿瘤也可以称为良性肿瘤。关于非恶性颅内肿瘤这种疾病，旧规范中用的是"良性脑肿瘤"，指脑的良性肿瘤；新规范改用"非恶性颅内肿瘤"，指起源于脑、脑神经、脑被膜的非恶性肿瘤。对比来看，后者的保障范围更大一些。

那么，为什么其他良性肿瘤通常不在重疾险的保障范围内，而"非恶性颅内肿瘤"却在呢？国家癌症中心数据报告显示，脑肿瘤发生率排在全身肿瘤的第 10 位。我国肿瘤发病率呈上升趋势，很多脑肿瘤被发现时已经很大了，即使是良性脑肿瘤，做手术也存在巨大风险。注意，不是手术危险，而是这种疾病本身危险。

大脑是一个非常特别的器官，它被周围的骨头包裹得严严实实，是身体所有器官中受保护最严密的。你可能会以为颅骨之内就是大脑，其实不然，在大脑与颅骨之间还有三层脑被膜（见图 9-1）。最外一层是紧紧贴在颅骨内侧的硬脑膜，中间一层叫作蛛网膜，最内一层紧贴在脑组织外侧，叫作软脑膜。我们可以把脑被膜简单理解为头盔里的内衬，当人的头部遭受撞击时，这个"内衬"会起到保护大脑的作用。疾病定义中说，起源于脑被膜的非恶性肿瘤也在保障范围内。

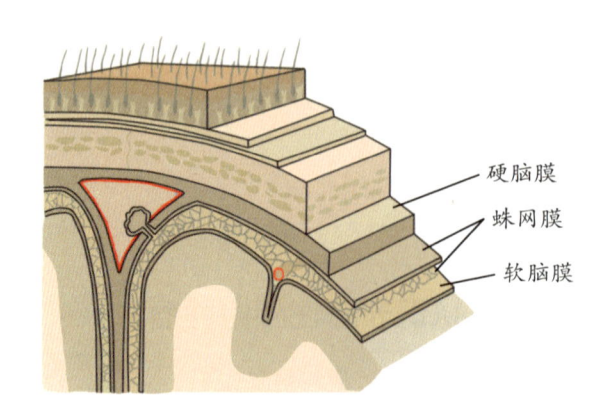

图 9-1　脑被膜示意图

虽然颅骨可以保护我们的大脑不容易受到伤害，但也有坏处，就是大脑里面一旦长了东西，无论是良性的还是恶性的肿瘤或者其他，都会使大脑的空间变得非常狭小。这就像上下班高峰时期的地铁一样，非常拥挤，挤到乘客的身体都得贴在门上。在头颅里面也一样，脑肿瘤会挤占大脑的生存空间，使得大脑不得不紧紧地贴在颅骨上，引起人体全身各种不适的症状，比如头痛、头晕、恶心、呕吐、癫痫、肢体偏瘫、语言障碍等，严重时还会危及生命。

这种情况在医学上叫作颅内压增高。颅内没有任何扩展空间，大脑里面一旦长了东西，即使是非恶性肿瘤，也会让大脑受到压迫。此外，被坚硬的颅骨包裹得严严实实的大脑，也有非常明显的"软肋"，就是眼睛。当大脑里的肿瘤不断长大，颅内空间就会变得很拥挤，这时眼睛会因为受到压迫突出来，这是非常典型的颅内压增高的表现，说明大脑已经紧紧地贴在颅骨内侧上了。

第一章我们讲了恶性肿瘤与良性肿瘤（非恶性肿瘤）的区别，说非恶性肿瘤就像一棵树，自己安静地生长，不会挪动地方。然而，非恶性肿瘤看似"佛系"，不争也不抢，但它有一个特点，就是"话"特别多。为什么这么说呢？非恶性颅内肿瘤可能不会长得特别大，但它带来的烦恼可不少——影响大脑不停地向身体发出各种各样的指令。巨人症患者就是脑子里面长了一个"话"特别多的肿瘤，它不断向身体发出长高的指令，最终使人成了"巨人"。

大脑中的非恶性肿瘤基本上就这两种影响，要么让大脑的生存空间变得非常拥挤，要么不断向身体发指令，二者都会让人体变得不正常。

非恶性颅内肿瘤严重时为什么会危及生命呢？因为大脑是整个身体的司令部，它极为重要但又十分脆弱，像豆腐一样柔软。你可以想象一下，如果你把一块豆腐摔在地上，或者每天挤压它，会有什么后果？像豆腐一样脆弱的大脑如果持续受到这样的压迫，时间久了就会造成不可挽回的损伤，可能会导致失能，甚至危及生命。因此，颅内肿瘤早发现、早诊断、早治疗是至关重要的。

非恶性颅内肿瘤的确诊依据与治疗方法

对于非恶性颅内肿瘤的诊断检查，必须进行头颅断层扫描（CT）、核磁共振检查（MRI）或正电子发射断层扫描（PET）。这三种检查也是医院里最常见的影像学检查方式，本书第三章"脑中风后遗症（严重和轻度）"中已经对前两种方式有过介绍，此处不再赘述。这里简单介绍一下PET。PET是核医学领域比较先进的临床检查影像技术，多用于恶性肿瘤的检查，它最大的特点是有彩色的影像。

非恶性颅内肿瘤不需要做病理学检查，医生凭上述三种检查就可以确定它是良性的还是恶性的。当然，医生偶尔也会有判断失误的时候，还是取样出来放到显微镜下观察确认最放心。但是发生误判的情况很少，有三种检查中任意一种的影像资料，医生就基本可以诊断出颅内肿瘤的性质。

医生诊断出颅内肿瘤以后，下一步就是选择治疗方法，一般有两种。

第一种治疗方法是开颅手术。本条疾病定义要求必须把颅骨打开才可以理赔，只在颅骨上钻孔的微创手术是不符合理赔标准的（有的重疾险产品会把这种情形作为轻度疾病提供保障）。实施开颅手术的标志是使用专门的手术电锯，与创伤面积的大小、创面涉及几块颅骨是没有关系的。只要医生在手术时用到电锯，就说明做开颅手术了。如果医生没有用到电锯，只是在颅骨上打一个孔，哪怕这个孔打得较大，甚至比有的开颅手术都大，也是无法申请理赔的。

第二种治疗方法是放射治疗。这种治疗方法采用激光画线，电子计算机定位，使放射线精确直击脑肿瘤部位。虽然放射治疗的伤害比开颅手术要小一些，但同样会对脑组织造成一定的破坏。

哪些疾病不在非恶性颅内肿瘤的理赔范围内

本条疾病定义特意指出了脑垂体瘤、脑囊肿、颅内血管性疾病（如脑动脉瘤、脑动静脉畸形、海绵状血管瘤、毛细血管扩张症等）不在保障范围内。这三种疾病中，只有脑垂体瘤是非恶性颅内肿瘤，另外两种不属于肿瘤。

脑垂体瘤也很"絮叨"，不断向身体发出各种指令。那为什么它不在本条疾病定义的保障范围内呢？因为脑垂体瘤几乎不会增大，也不会对大脑造成特别大的压迫，其治疗方法以口服药物为主，只要控制好就可以，极少患者需要做开颅手术或放射治疗，也不会导致患者失能。

脑囊肿、颅内血管性疾病（如脑动脉瘤等），都不属于脑肿瘤的范畴。

先说脑囊肿。提到囊肿，人们可能会想到肾囊肿。其实，囊肿不是实实在在的组织，它相当于一层皮包着水，而肿瘤切开之后，里面是实心的。

动脉瘤包括囊状动脉瘤和梭状动脉瘤。它虽然有一个"瘤"字，但并不是我们所说的肿瘤。如果说囊肿是一层皮包着水，动脉瘤可以理解为一层皮里包着血。血管是有一定弹性的，有的人血管比较松，像气球皮一样，容易被血压"吹"得膨胀起来。动脉瘤实际上就是被"吹"起来的血管，里面流动的是正常血液，没有其他物质。脑动脉瘤最危险的情况是破裂出血。

脑囊肿和脑动脉瘤虽然不是真正的肿瘤，但它们有一个共同的特点，就是特别占地方。而且，脑动脉瘤还很容易破裂，一旦破裂就会引起脑出血。而脑出血之所以会致命，是因为血会不停地往外流，占据的空间甚至比动脉瘤更大，大脑很快就会被"挤死"了。

手机"陪睡"是恶性颅内肿瘤的危险诱因

在生活中，什么物品和你最亲密、形影不离？很多人的第一反应就是手机。可以说，它无时无刻不与你在一起。

我们在享受手机带来生活便利的同时，也要警惕它带来的危害。比如，长时间看手机对眼睛不好，会让人早早出现视力方面的疾病；长时间低头看手机可能导致颈椎病，等等。很多人晚上睡觉习惯把手机放在枕边,让手机长时间"陪睡",这样的习惯很不好,有诱发恶性颅内肿瘤的风险。我们在日常生活中要防患于未然,改掉影响健康的不良习惯。

也许有人对此有异议,你不妨做个试验:把手机放在胸口,当电话铃声响起的时候,你的心率在那一瞬间是不是会受影响?你会不会觉得心脏不舒服?有研究表明,长时间受到手机辐射可能增加罹患颅内肿瘤的风险。

近年来,儿童脑肿瘤发病率不断上升,已经成为仅次于白血病的儿童第二大肿瘤。因为青少年的耳朵和颅骨比成年人更小更薄,他们脑部吸收的手机辐射和其他电子产品辐射比成年人更多,所以孩子长时间使用手机,要比成年人更容易罹患颅内肿瘤。

复旦大学附属华山医院院长、中华医学会神经外科分会候任主任委员毛颖教授表示,30 多年来,上海脑肿瘤的发病率持续升高,而这 30 多年恰恰也是上海手机普及率井喷式上升的阶段。复旦大学附属华山医院曾经对国际上有关手机使用与脑肿瘤发病关系的论文进行总结和分析,结果发现:①长时间在同一侧接听手机与脑胶质瘤患病风险密切相关;②在长时间使用手机的人群中,低级别胶质瘤发生率明显升高;③ 20 ~ 29 岁是脑胶质瘤的高发年龄段,这一结果与国际癌症研究署主张的"将射频电磁场定义为人类可能的致癌剂"不谋而合。

严重非恶性颅内肿瘤的理赔要点

理赔时机:手术之后。

核心材料:影像学检查报告(CT、MRI 或 PET 等)。

理赔依据：已经引起颅内压升高或神经系统功能损害。

特别注意：脑垂体瘤、脑囊肿、颅内血管性疾病不在保障范围内。

小贴士

开颅手术术后的十三个注意事项

1. 术后应保证患者充分休息，家属不要频繁探视。

2. 术后患者不要触摸伤口，不要拉拽头部绷带。

3. 术后护士会抬高床头15°~30°，以利于患者静脉回流，减轻脑水肿，降低颅内压力。

4. 全麻手术后患者可能会恶心、呕吐，属于麻醉的正常反应。如果出现这种情况，患者可以把头偏向一侧，尽可能吐出呕吐物，防止堵塞口鼻。

5. 患者由于在全麻手术中需要做气管插管，术后可能会感觉喉部疼痛，咳嗽时痰液中会有血丝，这是正常现象。

6. 术后患者通常要留置尿管，清醒后可能会感到尿道口不适、有排尿感，属于正常现象，大多数人可以耐受。由于做开颅手术后要监测尿量，尿管要留置至术后1~2天方可拔除。

7. 术后患者会用到抗癫痫药物，从静脉用药逐渐过渡到口服药。

8. 术后患者应遵医嘱进食、饮水，防止大便干燥。

9. 患者手术结束完全清醒后，为防止深静脉血栓形成，应尽早下床活动；卧床期间进行下肢屈伸运动，每次10~20分钟，每天2~3次；卧床时间较长应穿弹力袜。

10. 术后脑水肿时，患者会出现头痛、恶心、呕吐、头面部水肿等症状，一般7～10天后会逐渐好转。

11. 如果术后患者带有引流管，翻身活动时须注意安全，避免管路脱出。

12. 术后为了减压，有时医生会将患者的颅骨骨瓣去除或游离，成为骨窗或游离骨瓣，应加强保护。

13. 术后如果患者出现偏瘫或失语的情况，医生及家属要加强患者肢体功能锻炼和语言训练，协助患者肢体被动活动、按摩肌肉，防止肌肉萎缩；耐心指导患者做语言训练，从开始时简单发音，到逐渐发多个音，多给患者听音乐、广播等，刺激其听觉中枢，以便患者能够尽快恢复健康。

第十章

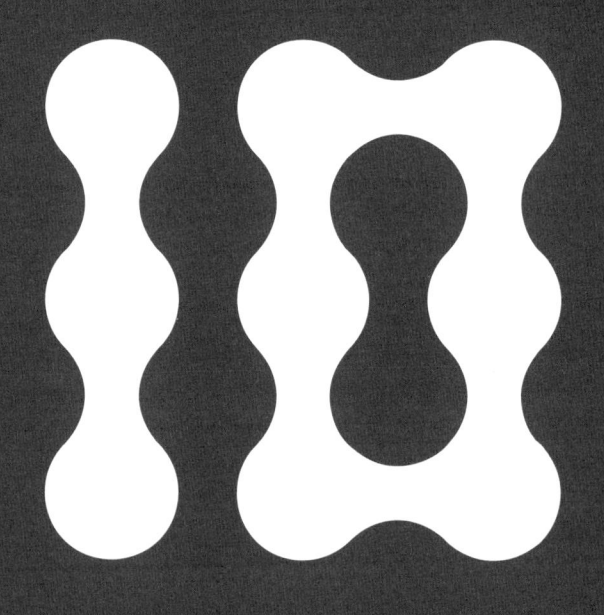

严重慢性肝衰竭

严重慢性肝衰竭

指因慢性肝脏疾病导致的肝衰竭,且须满足下列全部条件:
(1)持续性黄疸;
(2)腹水;
(3)肝性脑病;
(4)充血性脾肿大伴脾功能亢进或食管胃底静脉曲张。
因酗酒或药物滥用导致的肝衰竭不在保障范围内。

慢性肝衰竭是如何形成的

慢性肝衰竭是在肝硬化的基础上逐渐失去肝功能的一种情况，其临床表现主要有两个：一是肝性脑病，这是肝衰竭最具特征性的表现；二是出现黄疸。除此之外，患者还会有消化道出血、腹水、严重感染等症状。本书第八章"急性重症肝炎或亚急性重症肝炎"已经对肝功能做了详细解释，这里不再赘述。

要了解肝硬化，我们必须先知道一个医学名词：肝小叶。肝小叶约占肝脏体积的96%，其中的75%由肝细胞构成。我们在显微镜下可以观察到，人体的肝脏被许多白色纤维组织区隔成一块一块的，每个区块内都有一群有序排列着的肝脏细胞，里面还有很多血液和胆汁。一个区块就是一个肝小叶（见图10-1）。它们像蜂巢一

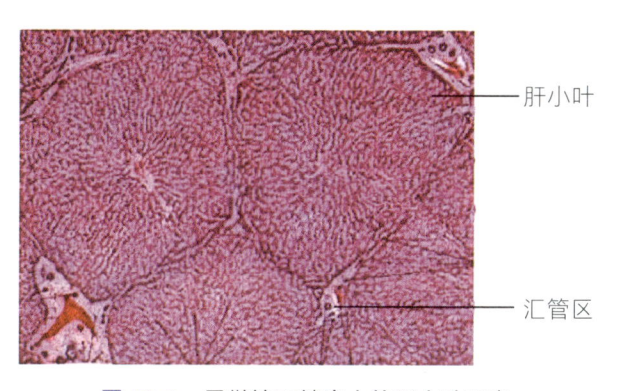

图 10-1　显微镜下健康人的肝小叶形态

样在肝脏中密密麻麻地排列着，共同实现肝脏的功能。在肝小叶之间，还有血管和胆管像河流一样交汇行走的区域，称为汇管区。

肝硬化不是短期内突发的病症，它的演变和形成有以下四个过程：

第一，肝细胞因为各种原因发生广泛的变性坏死。我国常见的病变原因是乙型肝炎病毒感染。肝细胞坏死之后就会塌陷，紧接着，包在细胞群外面的肝小叶分界纤维组织也会遭到破坏，出现变形。

第二，变形之后产生再生结节。我们身体里的肝脏实在是太"敬业"了，尽管自身已经遭受了非常严重的破坏，但还在积极地生产自救，将残存的细胞勉强组合到一起继续工作。

第三，形成新的纤维间隔。残存的肝细胞组合起来之后，需要重新划分区域，试图规则地排列、恢复到肝小叶原来健康的状态，于是通过新生长出的纤维划分出新的地盘。在这个阶段，医生是有办法让细胞重新修复并排列成为正常的肝小叶的。也就是说，病情发展到这一步依然是可逆的。

第四，最终形成假小叶（见图 10-2）。假小叶里面存活的肝细胞并不多，并且有大量的细胞尸体，其形态也不再是原来规则的蜂窝状了，而是变成或大或小的不规则形态。一旦肝脏形成了假小叶，患者就真正进入了肝硬化阶段。此时，病情已经不可逆了。

第十章 严重慢性肝衰竭

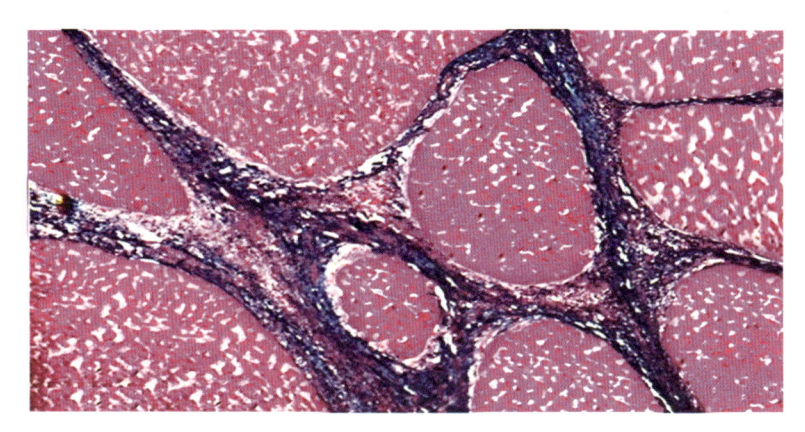

图 10-2 显微镜下肝硬化患者的假小叶形态

诊断肝硬化的两个标准

对于肝硬化的诊断,医生通常采用两个标准。

第一个叫作 Metavir 评分系统(见表 10-1)。

表 10-1 Metavir 评分系统

等级	表现
F0	无纤维化
F1	门静脉区有纤维化但没有纤维间隔形成
F2	少量纤维间隔形成
F3	大量纤维间隔形成,但没有肝硬化
F4	肝硬化

我们通过表 10-1 可以看到,肝硬化要求患者达到该评分系统的 F4 级,这个阶段已经能看到有假小叶形成了。F3 级是新的纤

维间隔形成阶段，这时候患者还没有完全发展为肝硬化，是可以通过治疗使病情逆转的。由此可见，对疾病早诊断、早治疗，可以避免非常多的麻烦甚至遗憾。

第二个叫作 Knodell 肝组织活动指数评分（见表 10-2）。

表 10-2　Knodell 肝组织活动指数评分

汇管区周围坏死	评分	肝小叶内变性和灶性坏死	评分	汇管区炎症	评分	肝纤维化	评分
无	0	无	0	无	0	无	0
轻度片状坏死	1	轻度（嗜酸小体、气球样变和/或＜1/3结节中散在肝细胞坏死灶）	1	轻度（＜1/3汇管区出现炎症细胞）	1	汇管区纤维化扩大	1
中度片状坏死（累及＜50%汇管周围）	3	中度（累及1/3～2/3肝小叶或结节）	3	中度（1/3～2/3汇管区炎症细胞增加）	3	桥状纤维连接（汇管区-汇管区或汇管区-中央静脉连接）	3
明显片状坏死（累及＞50%汇管周围）	4	明显（累及＞2/3肝小叶或结节）	4	明显（＞2/3汇管区炎症细胞密度增加）	4	肝硬化	4
中度片状坏死+桥状坏死	5						
明显片状坏死+桥状坏死	6						
多小叶坏死	10						

这个标准分别针对肝细胞的坏死程度、肝小叶的坏死程度、汇管区炎症程度、肝脏纤维化程度做出评分，累计达到 4 分就可确诊

为肝硬化。通过 Knodell 肝组织活动指数评分，医生就可以判断患者肝脏现阶段的发展情况。这是一个非常好的标准，它可以帮助患者更早地重视和治疗肝硬化。

严重慢性肝衰竭的确诊依据

中华医学会感染病学分会肝功能衰竭与人工肝学组和中华医学会肝病学分会重型肝病与人工肝学组制定的《肝功能衰竭诊疗指南（2018年版）》基于病史、起病特点和病情进展速度，将肝衰竭分为四类：

急性肝衰竭：急性起病，无基础肝病史，2 周以内出现 Ⅱ 度以上肝性脑病为特征的肝衰竭。

亚急性肝衰竭：起病较急，无基础肝病史，2～26 周出现肝功能衰竭的临床表现。

慢加急性（亚急性）肝衰竭：在慢性肝病基础上，短期内出现急性肝功能失代偿和肝功能衰竭的临床表现。

慢性肝衰竭：在肝硬化基础上，缓慢出现肝功能进行性减退导致的以反复腹水和/或肝性脑病等为主要表现的慢性肝功能失代偿。

本条疾病定义将所有慢性肝脏疾病导致的肝衰竭都包含在内，并不局限于肝炎病毒这个诱因。不过，被保险人想要进行理赔，必须同时满足四项条件。

1. 持续性黄疸

不同的肝衰竭患者，其黄疸持续期也不同。比如，慢性肝衰竭患者的黄疸会持续 1 年以上；急性肝衰竭患者的黄疸不会超过 10 天；亚急性肝衰竭患者的黄疸最长也就 3 个月。

2. 腹水

前面我们已经讲过，肝功能化验项目可以分成三类：酶类、胆红素和蛋白质。人体的许多蛋白质是由肝脏制造的，如果肝脏功能差，蛋白质制造量自然就会降低，因此肝衰竭患者的肌肉健康状况也都非常差。肝脏还负责制造人体白蛋白，白蛋白能吸收水分，就像海绵一样，可以把血管里的水锁定在它周围，然后带到身体各个地方去，相当于我们身体的"运水工"。肝脏衰竭、硬化之后，白蛋白也会减产，血管里的水就变成了"自由"的水，在身体里大量存在；再加上肝脏门静脉高压、胃底静脉曲张，血管里的压力升高，血管壁就被撑薄了，那些"自由"的水就会从血管里漏出来，进入腹腔，形成腹水（见图 10-3）。出现腹水，意味着肝脏制造蛋白质的功能已经很差了。

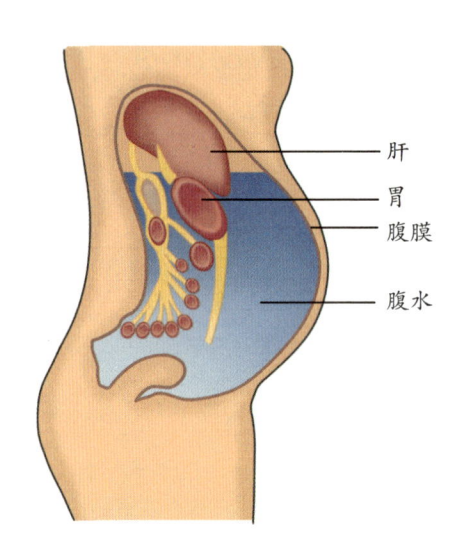

图 10-3　腹水示意图

3. 肝性脑病

关于肝性脑病，我们在第八章"急性重症肝炎或亚急性重症肝炎"中已做过详细介绍，此处不再展开。那么在什么情况下，我们要怀疑肝硬化患者和失代偿期肝硬化患者出现了肝性脑病呢？如果患者出现以下异常情况，我们就要高度警惕了：

（1）性格改变，比如性格开朗的人突然变得暴躁或者郁郁寡欢。

（2）行为异常，比如以前自律、礼貌的人，突然开始随地吐痰、随地大小便。

（3）睡眠习惯改变，比如晚上不睡觉，白天呼呼大睡，可能是中枢神经系统的兴奋和抑制功能紊乱。

（4）智力下降，比如计算能力衰退、书写困难、容易忘事。

这些患者务必要控制蛋白质的摄入量，在急性期应禁止摄入蛋白质；神志清楚以后，可以先给予每天 20g 的蛋白质，再逐渐添加到每天每千克体重 0.8～1g。

4. 充血性脾肿大伴脾功能亢进或食管胃底静脉曲张

肝脏是重要的血液转运枢纽，所有腹部器官的血液回到心脏都要通过它，这个枢纽叫作肝门。一旦肝脏出现问题，人体下半身的整个血液转运就会出问题。肝硬化或肝衰竭到末期的时候，肝脏内部已经发生了极大的变化，那些硬化的纤维结构不仅把肝细胞分隔开，还会严重堵塞血管，导致人体下半身的血液无处可去。

胃、脾脏与肝脏离得最近，且它们之间的静脉是直接相通的。当肝脏这个重要的血液转运枢纽出现堵塞时，就会导致静脉的血液回流受到阻碍，使脾脏的静脉压力增高，进而出现脾脏淤血，脾就会变大，出现功能亢进。与此同时，胃底的静脉压力也增高了，原本的血管就会变粗呈现为结节样、串珠样，出现血液淤积，最终形成胃底静脉曲张。

重疾险不保障的肝衰竭

本条疾病定义明确规定，"因酗酒或药物滥用导致的肝衰竭不在保障范围内"。

酒精对于人体来说本身就是一种毒素，而肝脏是负责代谢酒精的器官，超过80%的酒精是由肝脏分解代谢的。所以，喝酒会直接导致肝细胞损伤。患者长时间酗酒或者过量饮酒，会降低肝脏的再生能力，可能会造成肝脏的严重损伤或永久损害。这是因为大量饮酒后，肝细胞都去代谢酒精了，导致肝脏"人手"不够，原来代谢脂肪的工作就被耽搁了。短时间内肝脏里堆积了过多脂肪，就会诱发酒精性脂肪肝。这个病症在初期通过调养是可以恢复的，肝脏中的脂肪可以被清除，恢复正常；但如果长期持续饮酒，就会造成大量的肝细胞死亡，由酒精性脂肪肝发展成酒精性脂肪肝炎，进而发展成酒精性肝硬化，最终危及生命。当病情发展到肝硬化的阶段，肝脏就无法恢复健康状态了，最终会导致肝衰竭，出现严重的并发症，随时有死亡的风险。所以，我们一定要保护好自己的肝脏，尽量少喝酒，最好不喝酒。

肝脏也是药物聚集、转化、代谢的重要器官，我们服用的绝大多数药物要经过肝脏的代谢。因药物滥用引起的肝损伤发生率逐年升高，因为有些药物在代谢的过程中会产生有毒物质。所以，我们在服药时务必遵循医嘱，切勿滥用。

在此我们要提醒各位读者：伤肝容易护肝难，千万别再"熬最嗨的夜，吃最贵的补品"了！

严重慢性肝衰竭的理赔要点

理赔时机：同时满足持续性黄疸、腹水、肝性脑病、充血性脾肿大伴脾功能亢进或食管胃底静脉曲张。

核心材料：慢性肝脏疾病诊断书（慢性肝脏疾病应持续1年以上）。

理赔依据：满足四项赔付条件。

特别注意：酗酒或药物滥用导致的肝衰竭不在保障范围内。

小贴士

肝硬化晚期患者的五个生活注意事项

1. **观察病情**

   观察患者的黄疸、全身性水肿等一系列症状是否反复或者加重，是否有呕血、黑便等并发症。

2. **心理辅导与复查**

   患者要保持心情愉悦，与他人积极沟通、交流，配合专科医生的诊疗意见，在1～3个月时复查肝功能。如果患者出现严重的并发症，要及时就医。

3. **饮食安排**

   患者需要摄入足够的蛋白质，比如豆类或豆制品等，以保证营养。但如果患者有罹患肝性脑病的风险，食物中的蛋白质会产生损伤大脑的氨，此时就需要暂时限制蛋白质的摄入。患者宜选择高热量、高纤维、易消化的食物，应避免粗糙、硬质或者刺激性的食物。需要特别注意的是，肝硬化患者严禁吸烟和饮酒（含酒精饮品），还应注意低盐饮食。

4. 休息与运动

患者应注意休息，避免劳累，当出现消化道出血等并发症时，要卧床休息。患者还应注意劳逸结合，避免剧烈运动。

5. 用药指导

患者会出现少尿或者无尿的症状，在使用利尿剂时要密切观察小便的性质及排量，并做好记录；不要自行服药，特别是在未明确诊断前盲目地服用中药、中成药、偏方等。

第十一章

严重脑炎后遗症或严重脑膜炎后遗症

严重脑炎后遗症或严重脑膜炎后遗症

指因患脑炎或脑膜炎导致的神经系统永久性的功能障碍。神经系统永久性的功能障碍,指经相关专科医生确诊疾病 180 天后,仍遗留下列至少一种障碍:

(1)一肢(含)以上肢体肌力 2 级(含)以下;
(2)语言能力完全丧失,或严重咀嚼吞咽功能障碍;
(3)由具有评估资格的专科医生根据临床痴呆评定量表(CDR, Clinical Dementia Rating)评估结果为 3 分;
(4)自主生活能力完全丧失,无法独立完成六项基本日常生活活动中的三项或三项以上。

认识脑炎、脑膜炎

很多人不太了解脑炎和脑膜炎的区别,甚至以为它们是同一种疾病。实际上,这两种疾病的名称虽然只有一字之差,区别却很大。

人脑分为大脑、小脑和脑干三个部分。本条疾病定义所说的脑炎是指因感染或免疫系统问题导致的中枢神经系统的炎症,是神经系统疾病中最常见的急危重症之一。

脑膜炎则是只损伤到了脑被膜。我们在第九章"严重非恶性颅内肿瘤"中讲过,大脑并不是把颅骨掀开后就可以直接看到的,它的外面还包裹着三层脑被膜:颅骨下面保护大脑的那层膜,叫作硬脑膜;硬脑膜的下面是蛛网膜,它因为分布着密密麻麻的、像蜘蛛网一样的血管而得名;蛛网膜的下面还有一层软脑膜,它像软布一样防止大脑受伤。被包裹在三层脑被膜内的才是大脑。脑膜炎是指硬脑膜、蛛网膜、软脑膜发炎,患者会出现头痛、恶心、呕吐等症状,稍微严重的还会出现颈部僵直、活动受限、下颌不能贴近胸部等症状。

人体有活细胞的地方就有可能会发炎。所谓"炎症",简单来说就是机体免疫系统对刺激的反应。可以说,当机体免疫系统开始工作时,就意味着炎症产生了。比如,机体在清除外来的病毒、细菌、异物(如空气中的 PM2.5)时动用了免疫系统,就会产生炎症；在清除体内死亡的细胞时（自然老化、中毒、受伤等原因都会导致细胞死亡）动用了免疫系统，也会产生炎症；身体免疫系统出现了异常，无理由地攻击正常细胞，因为它动用了免疫系统，所以也会产生炎症。

大家熟悉的炎症可能是细菌性感染引起的发炎、化脓。除了细菌性炎症，还有病毒性炎症和无菌性炎症。无菌性炎症指的是没有细菌也没有病毒的发炎，相对比较少见，一般是由于免疫系统问题导致的，比如关节炎。

脑炎与脑膜炎的发生和扁桃体发炎化脓本质上是一样的，只是发炎的位置不同而已，也分为病毒性的、细菌性的和无菌性的，但因细菌和病毒造成的脑炎及脑膜炎最为常见。以脑炎为例，主要有下面四种：

（1）流行性乙型脑炎（简称"乙脑"），也叫日本乙型脑炎，是由乙型脑炎病毒引起的。这种病的高发对象是儿童。夏天蚊虫叮咬是乙脑传播的主要途径，病毒进入身体之后就会引起大脑发炎。

（2）麻疹病毒脑炎，是由麻疹病毒感染引起的，常见于10岁以下的儿童。这种病就像流行性感冒一样，人在抵抗力比较弱的时候容易被传染。

（3）化脓性脑炎，是由细菌感染引起的，比如流行性脑脊髓膜炎。

（4）结核性脑炎，是由结核杆菌引起的。广为人知的肺结核就是由结核杆菌引起的。实际上，除了肺结核，它还会导致很多疾病，比如骨结核、结核性脑炎等。

诊断脑炎或脑膜炎必须做的检查

腰椎穿刺是诊断脑炎或脑膜炎必须做的检查。大脑下面连接着脊髓，它们是相通的，脊髓可以看作是大脑的延伸，就像一条很长的尾巴。所以，医生不需要开颅，只要用一个针头扎进脊髓，抽一点脊髓液出来做化验，就可以知道大脑有没有发炎、有没有感染病毒。

罹患脑炎或脑膜炎的严重后果

患者诊断出脑炎或脑膜炎以后，必须去医院积极治疗，因为无论是脑炎还是脑膜炎，都会对大脑造成损伤。这种损伤带来的两种后果都非常严重。

第一种后果是，在炎症急性发作时引起颅内压急剧升高，我们甚至可以明显看到患者的眼球突出。脑炎和脑膜炎是可以医治的，但如果治疗不及时就会有生命危险。治疗方法也很直接，就是做开颅手术，让颅内压不再继续升高、大脑不再肿胀，这样患者就有机会活下来。

第二种后果是，炎症的急性期过去之后，大脑虽然消炎了，但是留下了非常多的损伤，出现无法恢复的后遗症。大脑是我们身体的"指挥官"，它一旦受到伤害，我们的语言和行动能力就会像脑梗死或者脑出血患者那样，受到各种各样的影响。不过，虽然脑炎和脑膜炎发生的概率和脑梗死相近，但是造成严重失能的概率比脑梗死要小一些。

脑炎后遗症或脑膜炎后遗症怎样才算"严重"

本条疾病定义不仅要求脑炎或脑膜炎要有后遗症，还要求后遗症足够"严重"，才能达到重疾险的赔付标准。

怎样的后遗症才算"严重"呢？本条疾病定义明确指出，在疾病确诊 180 天以后，仍然有四项后遗症中的至少一项，就能理赔。其中的三项我们在本书第三章"脑中风后遗症（严重和轻度）"中已经讲过，这里我们着重了解一下临床痴呆评定。

该评定必须由有评估资格的专科医生使用"临床痴呆评定量表（CDR）"，通过与患者及家属沟通获取信息，综合提炼，对患者的损伤程度进行评估，从而判定患者病情的严重程度（见表 11-1）。

评估的内容包括记忆力、定向力、判断与解决问题能力、社会事务、家庭和个人业余爱好以及个人照料六个方面。医生在每一方面做出从"无痴呆"到"重度痴呆"程度的五级评估，评分不需要叠加，根据标准给患者这六大方面的能力做出综合评定，其结果以 0、0.5、1、2、3 分表示，分别代表无痴呆、可疑痴呆、轻度痴呆、中度痴呆和重度痴呆五级。

表 11-1 临床痴呆评定量表（CDR）

项目	无痴呆 CDR = 0	可疑痴呆 CDR = 0.5	轻度痴呆 CDR = 1	中度痴呆 CDR = 2	重度痴呆 CDR = 3
记忆力	无记忆力缺损或只有轻度不恒定的健忘	轻度、持续的健忘；对事情能部分回忆；属"良性"健忘	中度记忆缺损；对近事遗忘突出；记忆缺损对日常生活活动有妨碍	严重记忆缺损；能记住过去非常熟悉的事情；对新发生的事情则很快遗忘	严重记忆丧失；仅存片段的记忆

续表

项目	无痴呆 CDR = 0	可疑痴呆 CDR = 0.5	轻度痴呆 CDR = 1	中度痴呆 CDR = 2	重度痴呆 CDR = 3
定向力	能完全正确定向	除时间定向有轻微困难外，能完全正确定向	时间定向有中度困难；对检查的地点能定向；在其他地点可能有地理性失定向	时间定向有严重困难；通常对时间不能定向，常有地点失定向	仅有人物定向
判断与解决问题能力	能很好解决日常问题、处理职业事务和财务；判断力良好，与过去的水平有关	在解决问题、判别事物间的异同点方面有轻度缺损	在解决问题、判别事物间的异同点方面有中度困难；社会判断力通常保存	在解决问题、判别事物间的异同点方面有严重损害；社会判断力通常受损	不能做出判断，或不能解决问题
社会事务	在工作、购物、志愿者和社会团体方面独立的水平与过去相同	在这些活动方面有轻度损害	虽然可能还参加但已不能独立进行这些活动；在偶尔的检查中看起来表现正常	不能独立进行室外活动，但可被动带到室外活动	不能独立进行室外活动；看起来病得很重，不能被带到室外活动
家庭和个人业余爱好	家庭生活、业余爱好和智力均保持良好	家庭生活、业余爱好和智力活动轻微受损	家庭生活有轻度而肯定的障碍，放弃难度大的家务，放弃复杂的爱好和兴趣	仅能做简单家务，兴趣保持的范围和水平都非常有限	丧失有意义的家庭活动
个人照料	完全有能力自我照料	完全有能力自我照料	需要督促	在穿着、卫生、个人财务保管方面需要帮助	个人照料需要很多帮助；经常大小便失禁

本条疾病定义要求患者的 CDR 评分要达到 3 分，也就是要达到重度痴呆的程度，才符合赔付条件。

引发脑炎后遗症的原因

可能会引发脑炎后遗症的原因有很多，总的来说，可以归纳为以下五种：

（1）环境或职业性影响，比如长期暴露于有铅或一氧化碳的工作环境中。

（2）基因影响。医学研究发现，不同的家族有不同类型的脑炎后遗症，有的家族被检测出某种基因异常。遗传因素通常不会直接引发脑炎后遗症，但会间接影响疾病的发展。这些基因异常可能导致人体内的钙、钾、钠以及其他化学物质代谢发生细微变化，从而影响患者体内的药物代谢途径，或者造成大脑局部神经元畸形。

（3）颅脑损伤导致脑炎后遗症。

（4）其他引起脑损伤的疾病成为脑炎后遗症的诱因。

（5）新生儿的产前损伤。胎儿的大脑发育对产前损伤是十分敏感的，如果母亲在妊娠期曾被细菌或病毒感染，或者饮食不当、吸烟、饮酒、滥用药物等，都可能导致产前损伤发生。

儿童是脑炎后遗症的高发群体

临床上，脑炎后遗症在儿童群体中比较高发，而且危害很大。不过，留心观察前期的症状表现可以帮助家长提前预判病情、尽早送医治疗。儿童患脑炎常见的早期表现是发热、喷射状呕吐、抽搐，可能会和感冒混淆。家长一旦发现孩子有上述症状，精神状况也比较差，萎靡不振，一定要第一时间带孩子到医院的儿内科就诊，及时控制住炎症，以保住孩子的生命和健康。

很多家长以为,只要控制住脑炎的病情发展,孩子的生命体征稳定就可以了,其实不然。这类疾病是在大脑中发生的,往往会对神经系统造成破坏,后续导致一系列的功能障碍,比如孩子可能发生认知、逻辑思维、社交、运动等方面的障碍。所以,患儿生命体征稳定之后,要再针对神经系统做一系列的评估,如果发现异常,应及时进行康复治疗,否则会影响孩子的一生。

严重脑炎后遗症或严重脑膜炎后遗症的理赔要点

理赔时机:确诊 180 天以后。

核心材料:脑炎或脑膜炎病历。

理赔依据:最好有腰椎穿刺检查结果,遗留的障碍至少有四种中的一种。

特别注意:绝对不是确诊即赔。

小贴士

如何在早期发现脑膜炎

脑膜炎早期症状跟感冒差不多,患者会出现发热、全身酸痛、食欲差等症状。因此,患者早期往往容易被误诊为感冒,从而错失治疗的最佳时机。

如何才能在早期就及时区分出脑膜炎和感冒呢?这里教给大家一个十分有用的检查方法——颈项强直检查。如果患者经检查发现有颈项强直,就要警惕脑膜炎的可能了。

1. 成人检查法

患者仰卧，检查者一手抵其胸部以固定上身，另手将其头抬起，先向两侧轻轻转动，然后再将头部向前屈曲。正常时，患者颈部柔软，活动自如，并可使下颌贴近胸部，而且抬头时下肢不动。若抬头时患者颈项僵硬且有抵抗感，不能使下颌贴近胸部，即为颈项强直。检查时应注意患者的两膝关节是否随抬头而屈曲。

2. 小儿检查法

检查者一手按住患儿两下肢，另手托起患儿头部，若抬头时可见患儿下身一起被抬起，即为颈项强直。

第十二章
深度昏迷

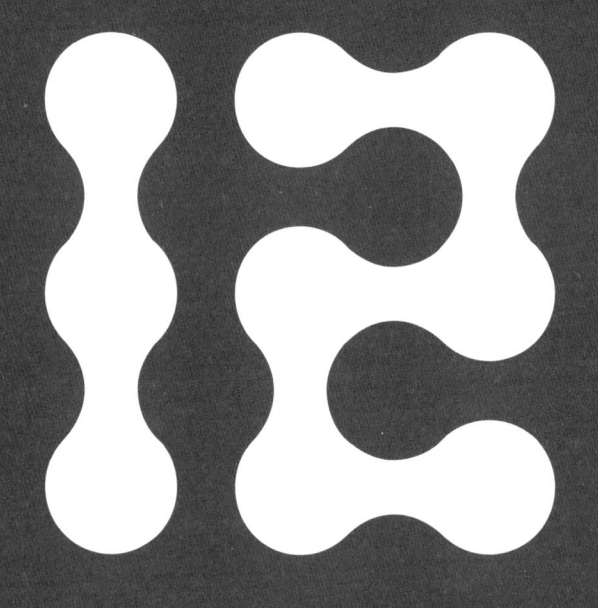

深度昏迷

指因疾病或意外伤害导致意识丧失,对外界刺激和体内需求均无反应,昏迷程度按照格拉斯哥昏迷分级(GCS, Glasgow Coma Scale)结果为 5 分或 5 分以下,且已经持续使用呼吸机及其他生命维持系统 96 小时以上。

因酗酒或药物滥用导致的深度昏迷不在保障范围内。

认识昏迷

昏迷是完全意识丧失的类型之一。

意识障碍可以分为六个程度：嗜睡、意识模糊、昏睡、浅昏迷、昏迷、深昏迷。我们经常说一个人"昏过去了"，到底什么状态是"昏过去了"呢？第一，不能自动睁眼，但是你叫他或掐他人中，也许他可以睁眼；第二，无法说出可理解的语言；第三，不能按吩咐做动作。符合这三条，就是我们日常所说的昏迷。

引起昏迷的原因有很多种，临床上常见的情况包括：

神经系统疾病，比如大面积的脑梗死、脑出血、重症脑炎、癫痫、颅脑外伤等。

呼吸系统疾病，比如重症肺炎、肺性脑病、重症哮喘等。

消化系统疾病，比如急性消化道大出血、肝性脑病等。

内分泌系统疾病，比如低血糖昏迷、糖尿病高渗性昏迷、糖尿病酮症酸中毒等。

循环系统疾病，比如急性心肌梗死、严重心衰、严重心律失常、主动脉夹层、高血压脑病等。

其他一些情况也会引起昏迷，比如高热、中暑、急性酒精中毒、药物过量或药物中毒、急性一氧化碳中毒、外伤失血性休克、重度贫血、肿瘤等。

昏迷作为一种严重的意识障碍，不论病因如何，一旦出现，通常代表着许多疾病的危重期，是患者濒临死亡的一种表现。所以，患者发生昏迷必须及时去医院就诊。昏迷可能是多种原因造成的，往往需要多学科医生的救治。需要注意的是，在就医时，家属要向医生提供患者尽量多的病史资料，以协助医生在最短时间内给出最佳治疗方案。

深度昏迷和昏迷的区别在于，深度昏迷状态下患者对任何刺激都没有反应，生理反射和病理反射全部消失，只剩下最基本的呼吸、心跳、血压和体温等生命特征。而昏迷的患者在一定的深度刺激下还是有反应的，但吞咽反射、咳嗽反射、角膜反射、腹壁反射等能力已经消失了。

如何判定深度昏迷

医学上评估患者的昏迷程度有一个非常重要的参照工具，叫作格拉斯哥昏迷分级（GCS），在临床上主要用于评估脑外伤患者的病情及预后，是由英国格拉斯哥大学的两位神经外科教授在1974年发明的。判定为深度昏迷，患者各项反应的总分之和必须为5分或5分以下，基本上每一类反应得分都要在2分以下，如果有一项是3分或者4分，那么评分结果就会超过5分，达不到深度昏迷的标准。

这个评分方法非常简单，就是根据患者三种反应的表现来判定（见表12-1）。

表 12-1　格拉斯哥昏迷分级（GCS）

睁眼反应	记分	应答反应	记分	运动反应	记分
自动睁眼	4	回答正确	5	遵医嘱活动	6
呼唤睁眼	3	回答错误	4	刺痛定位	5
刺痛睁眼	2	语无伦次	3	躲避刺痛	4
不能睁眼	1	只能发声	2	刺痛肢屈	3
		不能发声	1	刺痛肢伸	2
				不能活动	1

第一种是睁眼反应。如果患者可以自动睁眼，记 4 分；如果在医生的呼唤下，患者能把眼睛睁开，记 3 分；如果医生用针扎患者的胳膊，患者才能睁眼，记 2 分；如果无论怎样，患者都不睁眼，记 1 分。

第二种是应答反应。医生问患者一些简单问题，比如姓什么、是男性还是女性等。如果患者能够正确回答，记 5 分；回答错误，记 4 分；语无伦次，记 3 分；只能发声，记 2 分。如果患者在昏迷状态，医生即使呼唤患者的姓名，他也无法做出应答，记 1 分。

第三种是运动反应。医生让患者拍一下手，如果患者能够做到，记 6 分；如果医生用针扎患者的胳膊，患者能感知到被扎胳膊，记 5 分；如果患者不知道被扎在哪里，但是知道躲避，记 4 分；如果患者不知道躲避，但是胳膊会弯一下，记 3 分；如果患者不知道躲避，但是胳膊会伸一下，记 2 分；如果患者完全没有反应，记 1 分。

依次按照上述评分标准记录，最终分数之和为 5 分或者 5 分以下的患者，就可以被评定为深度昏迷了。

不过，在实际的临床治疗中，医生一般是不会专门给患者做格拉斯哥昏迷分级评分的。这是为什么呢？因为只有在不受药物影响的情况下做出的评分才算有效，而疾病会让很多患者出现烦躁不安、情绪激动、睡眠障碍等情况，医生通常会给这样的患者使用地西泮、苯巴比妥或冬眠合剂等镇静剂，所以不宜进行格拉斯哥昏迷分级测试。还有些病情严重的患者要做气管切开或气管插管，无法进行应答反应测评。

做昏迷分级评分对医生的诊断治疗不是必需的，但是作为保险从业人员，应当提醒客户要求医生做有效的昏迷分级判定，以便帮客户顺利申请理赔。这是从业人员学习重疾条款时最应该掌握的知识，也是从业人员专业能力的体现。

深度昏迷是植物人吗

人们经常会把深度昏迷和植物人混淆，其实二者是有区别的。

我们先来看一下植物的特性：既不会说话回应，也不会自己主动去找食物，但是它在生长发育的过程中是可以动的。比如，向日葵在太阳升起的时候花朵朝着东边，随着太阳方位的改变，花朵的朝向也会跟着改变，等到日落西山，向日葵也随之低下了头。

那什么是植物人呢？顾名思义，植物人与植物的生存状态相似。患者常表现为睁眼闭眼自如，有时候腿脚也能动，因此很多人误以为患者是有意识的，实则不然。由于植物人的大脑皮质功能已经丧失，而大脑皮质又是负责思考、记忆、决策、计划和创造的，所以这类患者理解不了任何问题，无法执行任何指令，也不能对任何刺激做出主动反应。但是，患者大脑的其他功能是好的，这使得植物人与脑死亡有所区别。脑死亡是指患者的大脑功能全部停止，相当于在医学上被宣告了死亡。下面是大脑皮质的功能分区示意图（见图 12-1）。

第十二章　深度昏迷

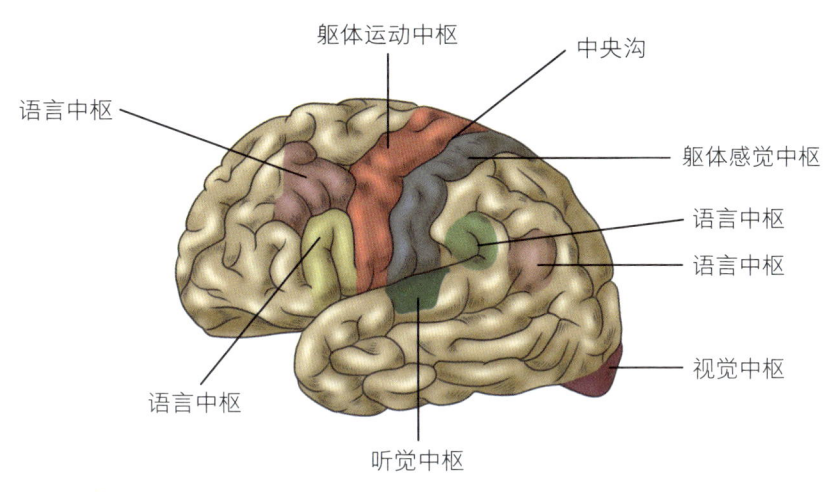

图 12-1　大脑皮质的功能分区示意图

判断患者是不是植物人，并不是看他能不能出声或行动，其判断方法和判断深度昏迷的方法也有区别，我们来对比看看。

第一是睁眼和闭眼的区别。看眼睛是区分深度昏迷与植物人状态比较简单直接的方法。植物人的眼睛经常是睁着的，睡觉的时候会闭起来。昏迷患者则不同，只要在昏迷状态，眼睛就是闭着的，深度昏迷的患者甚至被针扎都不会睁眼。

第二是吃饭和不吃饭的区别。能吃饭的基本上就是植物人。虽然植物人不能思考，不能说完整或者有意义的话，但基本生存需求还是有的。就像植物一样，只要浇水、施肥、有阳光照射就能存活，如果不养护就会枯萎。植物人会表达很多需要被人照顾的信号，而昏迷患者则不同。本条疾病定义要求"对外界刺激和体内的需求均无反应"，也就是说，患者哪怕再饿再渴也不会有反应，所以深度昏迷的患者不会要东西吃，也不能吃东西，因为完全没办法操控自己的身体。

第三是脑电图的区别。昏迷患者的大脑是有活动的，我们通过脑电图监测可以观察到其脑电图的波形很复杂，可以采集到很多细碎的脑电波。而植物人的大脑皮质受到损害，已经没有大脑活动了，所以植物人的脑电波几乎是一条直线，没有任何波动。这是在医学上判定患者是不是植物人的精确方法。

需要注意的是，因为酗酒或药物滥用导致的深度昏迷不在本条疾病定义的保障范围内。酗酒和药物滥用，其实是一种"自残"，自残导致的深度昏迷是不赔的。有人觉得，酗酒或滥用药物的事，只要自己不说就没人知道。实际上这些是不能隐瞒的，就医时一定要和医生说清楚，因为酗酒、药物滥用导致的深度昏迷和其他原因导致的深度昏迷，在治疗方法上是完全不一样的。如果为了理赔保险而隐瞒"取巧"，可能会给自己带来生命危险。

临床上有哪些生命维持系统

深度昏迷的患者只剩下最基本的呼吸、心跳、血压和体温等生命特征，想要生存下去，支撑到苏醒那一天，离不开一套维持生命的设备来代替身体的各项功能。现在的医学比较发达，临床上有许多可以用来维持生命的设备。

1. 呼吸机

呼吸机在本条疾病定义中出现过，是替代自主呼吸的有效人工手段，在现代医学中有十分重要的作用。

2. 人工肝

人工肝是一个血液净化系统，能够清除患者血液中的炎症物质或者毒素，同时提供新鲜血浆中的凝血因子、调理素、白蛋白等有用物质。第一代人工肝是利用猪的肝细胞清除患者血液中的毒素的。第二代人工肝里面有人体肝细胞，因为它更接近人体肝脏的功能，所以效果比第一代人工肝好。

3. 人工肾

人工肾就是透析机，可以代替肾脏把血液中的有害物质过滤出去。

4. 人工肝肾

人工肝肾就是连续性床旁血滤机。人体中的各种有害物质，包括因为感染而引起的炎性因子，因为中毒吸收的有害物质，还有需要肝脏、肾脏排泄的毒物等，都可以用人工肝肾排出来。

以上提到的设备都是在普通标准的重症监护病房（Intensive Care Unit，ICU）里可以用到的抢救设备，使用这些设备的费用并没有想象得那么高，但也不便宜。比如，使用第一代人工肝每天花费在 1 万元以内，使用第二代人工肝一天要花费 2 万元左右。

在标准更高的 ICU 里，还可以使用体外膜氧合（Extracorporeal Membrane Oxygenation，ECMO），抢救呼吸和/或循环衰竭患者就要用这个设备。它把血液从患者身体里抽出来，代替肺脏让血液和氧气结合，再把血液回输体内，代替心脏送到全身各处。使用这个设备一天要花费 2 万~3 万元。

主动脉内球囊反搏泵（Intra-Aortic Balloon Pump，IABP）也是一种维持生命的设备，一般在心脏重症监护病房（Cardiac Care Unit，CCU）里应用。它是把一个"气球"送到心脏里面，和心脏的跳动节奏配合，心脏一跳气球就收缩，让血流通过；心脏不跳的时候气球跳，把血液挤回心脏里，以此增强心脏的供血功能。

如果一个患者同时发生肝功能、肾功能、肺功能、心脏功能与呼吸功能衰竭，在以前是必死无疑的。然而现在只要有一定的经济条件，在 ICU 中给患者使用上述设备，就可以维持生命，争取奇迹的发生。

深度昏迷的理赔要点

理赔时机：确定深度昏迷 96 小时以后。

核心材料：医生出具的 GCS 评分为 5 分或 5 分以下。

理赔依据：有效的 GCS 评分，且 GCS 评分须为 5 分或 5 分以下；持续使用呼吸机及其他生命维持系统 96 小时以上。

特别注意：患者进入深度昏迷必须超过 96 小时。

小贴士

深度昏迷患者苏醒的先兆

深度昏迷患者苏醒的早期征兆有所差别，但一般会有两种情况。

1. 有微小意识

有微小意识时，患者对声音可以追踪，比如听到关门或者开门的声音会吓一跳。

2. 有肢体活动或情绪活动

有些患者会出现手指或脚趾的自发活动，比如旁边有人说话、交流时，患者出现"手脚"活动，这是患者从肢体上活动。有的患者则是从情绪上活动，比如流眼泪、微笑、呼吸急促，这些都是情绪活动。

若患者出现苏醒的先兆，家属应继续观察，对患者进行适当的按摩，多与患者交流，促进患者的恢复。

第十三章
双耳失聪

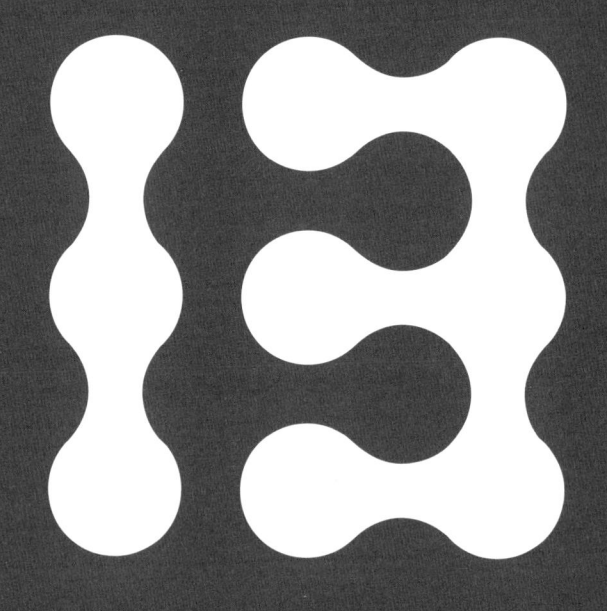

双耳失聪

指因疾病或意外伤害导致双耳听力永久不可逆性丧失,在 500 赫兹、1000 赫兹和 2000 赫兹语音频率下,平均听阈大于等于 91 分贝,且经纯音听力测试、声导抗检测或听觉诱发电位检测等证实。

注:如果保险公司仅承担被保险人在某年龄之后的保障责任,须在疾病定义中特别说明。

第十三章　双耳失聪

耳朵是如何听到声音的

如果说眼睛是心灵的窗户，耳朵就是大脑的门户。想知道耳朵是如何听到声音的，我们要先了解一下耳朵的结构（见图 13-1）。

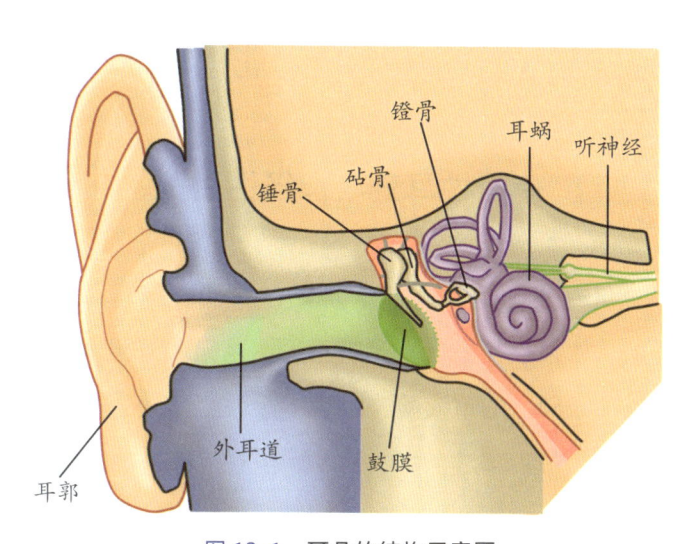

图 13-1　耳朵的结构示意图

人的耳朵由外耳、中耳和内耳三部分组成。外耳包括耳郭和外耳道：耳郭位于头颅两侧，有较好的形变性，主要起收集声音的作用；外耳道连接耳郭和中耳，它的尽头是鼓膜，鼓膜就像鼓上蒙的那层皮，这一层膜接收到了声音就会振动。鼓膜的后面连着三块骨头，分别叫锤骨、砧骨和镫骨，一起称为听小骨，其作用是把振动放大之后传导到像蜗牛形状的耳蜗里面去。耳蜗里充满液体，还有很多绒毛，即纤毛细胞。声波传过来之后，耳蜗中的液体也开始振动，带动纤毛细胞"跳舞"，把声音的振动信号转变成电信号，通过听神经传到大脑里面。大脑接收到这些电信号后，我们就听到了声音。所以，人的听力实际上有两部分，一部分是靠鼓膜和听小骨振动产生的机械性听力，另一部分是从耳蜗经由听神经到大脑的神经性听力。

虽然在科技发达的今天，有听力障碍的人可以通过助听器辅助提升听力水平，但是为了保护听力健康，我们还是要在日常生活中提高爱耳护耳的意识，了解相关的健康知识。

传音性耳聋与神经性耳聋

本章的标题是"双耳失聪"，理赔的首要关键词就是双耳。人有两只耳朵，如果只有一只耳朵听不见，是无法按照本条疾病定义理赔的（不过市面上的重疾险产品大多会在轻度疾病中保障单耳失聪）。在重疾险的理赔实务中，很多拒赔原因都是被保险人只有一只耳朵丧失听力。单侧的听力异常大都是机械性听力异常，也就是传音性耳聋；而双侧耳聋大都是由感音神经异常导致的，也就是神经性耳聋。

1. 传音性耳聋

传音性耳聋是耳朵结构的问题，比如鼓膜穿孔、外耳道发育畸形、耳道堵塞等，这些都是比较好解决的问题，通常不会引起全聋。传音性耳聋的常见原因有两种：

（1）先天没有耳道或者耳道有异物。先天没有耳道，声音自然就传不进去；或者没有定期清理耳道，耳垢把耳道堵死了，听力也就随之下降了。

（2）耳道损伤。比如，用不正确的方法掏耳朵，耳朵受伤发炎化脓导致中耳炎；耳膜穿孔、听小骨脱臼，导致声音传不到耳蜗，纤毛细胞就没办法"跳舞"，声波就无法转换成电信号，大脑自然就接收不到声音了。

2. 神经性耳聋

真正的耳聋是耳蜗里面或者感音神经因各种原因受到损害导致的神经性耳聋。神经性耳聋的常见原因有五种：

（1）遗传。耳蜗的结构天生有异常，不能把声波转换成电信号，大脑也就无法辨别声音。

（2）病毒感染。很多人在感冒时耳朵会听不见声音，这是因为病毒把耳蜗中的纤毛细胞杀死了，声波没法转换成电信号，大脑自然就接收不到声音了。

（3）药物。比如，庆大霉素有很强的耳毒性，会把耳蜗中的纤毛细胞杀死。

（4）职业性耳聋。生活环境中经常有巨大的噪声，比如在工地中工作，或者长期戴耳机听音乐且声音放得特别大，都会伤害耳蜗中的纤毛细胞。

（5）早产并发症。如果婴儿出生太早，耳蜗还没有发育完成，听力自然就会出现问题。

声音传入人耳有两种机制。第一种是空气传导。声波经外耳道传到鼓膜，引起鼓膜振动，这种振动又经听小骨传到耳蜗，使耳蜗里的液体振动。第二种是颅骨传导。人体的颅骨和耳蜗紧密接触，所以声音也可以通过颅骨传导到耳蜗，引起耳蜗中的液体振动，让纤毛细胞"跳舞"。现在有一种骨传导耳机，就是通过颅骨传导声音的。但是，如果耳蜗出现问题，纤毛细胞不能"跳舞"，或者向大脑传输的听神经甚至大脑中枢出了问题，声波就无法被翻译成电信号，人就听不见声音，或者听到也无法做出回应了。

重疾险保障的双耳失聪

本条疾病定义中的双耳失聪是指双耳听力永久不可逆性丧失，"永久不可逆"是指患者经积极治疗180天后情况依然没有改善。

双耳失聪的理赔标准还要求患者分别在500/1000/2000赫兹下，声音必须大于等于91分贝才能听到。赫兹是声音振动的频率，频率越慢音调越低，频率越快音调越高。500赫兹就像唱歌时的男低音，1000赫兹相当于课堂上老师讲课的声音，而2000赫兹就像唱歌时的女高音。

91分贝是多大的声音呢？相当于大型切割机在切割铝合金门窗或铁制品的时候发出的刺耳噪声。对正常人来讲，声音超过60分贝，其心血管就会受到影响。当声音达到91分贝时，会给人的身体和听力造成损伤，而且持续一段时间之后，鼓膜会被震破流血，甚至会导致失聪。101～120分贝相当于战斗机发出的声响，或者将耳机开到最大音量，对听力和身体的损伤相当大，正常人通常是难以忍受的。下面是不同声音强度对人健康的影响（见表13-1）。

表 13-1　不同声音强度对人健康的影响

声音强度	噪声情况	对人健康的影响
41～60 分贝	正常说话的声音	不影响人体健康
61～80 分贝	相当于一台割草机发出的声音	人的心血管将受到伤害（导致高血压）
81～100 分贝	相当于一辆从身边驶过的卡车或电锯发出的声音	会对人的听力造成很大伤害
101～120 分贝	相当于战斗机发出的声响	严重影响人的听力，难以忍受，身心会受到伤害
121 分贝及以上	相当于爆破以及有些打击乐发出的声响	会导致失眠、心慌、精力无法集中，人的健康会遭受极大影响

双耳失聪的检测方法

双耳失聪的检测方法有哪些呢？

1.纯音听力测试

纯音听力测试是最基本的检测方法，可以简单判定患者是神经性的还是传音性的耳聋，也可以检测其听力损伤的程度。虽然这是目前业内公认的最接近真实听阈的测试方法，但它是一种主观测试，要有被测试者的配合才能完成。所以，婴幼儿无法采用此种方法检测听力。

纯音听力测试是戴着耳机测听力的，如果正常说话的声音都听不到，就达到四级听力残疾了。听力残疾分为四个等级，其中一级最严重，四级最轻（见表 13-2）。如果家里老人耳背，可以去医院做这个测试，只要达到四级听力残疾，就可以领取对应的残疾证了。

表 13-2 听力残疾等级

听力损失程度	听力残疾等级
41～60 分贝	四级
61～80 分贝	三级
81～90 分贝	二级
≥ 91 分贝	一级

不过,这个测试的结果很容易伪造——被检测者听到了也可以说没听到。所以,本条疾病定义还提到了另外两种检测方法——声导抗检测、听觉诱发电位检测,它们都是不依赖主观反馈、仅通过检测的设备来判定被检测者听力情况的。

2. 声导抗检测

它检测的是声音在鼓膜两端振动的变化。如果声音穿过鼓膜、听小骨传导到耳蜗里,振动的幅度变化不大,也就是说损耗不多,那就证明声音的传导没问题,声导抗是正常的。如果声音传到鼓膜时振动幅度较大,传到耳蜗里振动幅度很小或者几乎没有,那就是传导的过程出现了问题,导致声音不能被有效地传到耳蜗中变成电信号,这可能是外耳道或者中耳的物理传导过程有异常。

声音传入鼓膜之前振动的幅度和传到耳蜗振动的幅度是用仪器直接测出来的。如果被检测者听不见声音,仪器却显示声音可以正常传到耳蜗里,那就可能是耳蜗出了问题,需要再做另外一种检测——听觉诱发电位检测。

3. 听觉诱发电位检测

听觉诱发电位检测是用可以探测脑电波活动的仪器来做测试的一种检测方法。仪器会探测大脑负责解读声音的区域,然后放出声音并检测被检测者的大脑有没有活动，有活动就证明声音成功地传导到了大脑里，杜绝了人为"装聋作哑"的可能。

失聪的治疗方法——助听器

目前，失聪的治疗方法只有使用助听器一种。既然失聪分为传音性失聪和神经性失聪，助听器自然也就相应地分为两种：一种针对传音性失聪，另一种针对神经性失聪。

传音性失聪助听器相当于扩音器。它是一个收集声音的喇叭，可以把声音放大到 90 分贝以上送到人的耳朵里去。我们小声说话的音量通过助听器放大后，听起来会像电锯声那么大。

神经性失聪助听器也叫人工耳蜗，其工作原理是：一个微型电脑把接收到的声音直接变成电信号，然后通过电线把信号送入耳蜗，代替听神经细胞把电信号传导到大脑里去。

如果患者是儿童，家长务必要尽早发现，及时为孩子配备人工耳蜗，否则孩子可能会因为听不见别人说话而丧失语言学习的最佳时机，长大以后再学习就比较困难了。

双耳失聪的理赔要点

理赔时机：确诊双耳失聪 180 天以后。

核心材料：病历材料、听力检测报告。

理赔依据：平均听阈大于等于 91 分贝，其中纯音听力测试是必做检查，声导抗检测或听觉诱发电位检测须至少有一项佐证。

特别注意：如果患者是儿童，务必早做人工耳蜗。

> 小贴士

助听器保养的三个要点

失聪的患者离不开助听器这个日常必备的辅助工具,所以对助听器这样价格昂贵的精密电子设备,一定要学会保养。一般情况下,助听器可以使用 3~6 年。

1. 防潮

助听器的保养,防潮是关键。由于助听器不能浸水,所以患者在洗脸、洗澡、游泳及下雨时务必将助听器取下。具体的防潮方法是:睡前取下助听器,放入盛有干燥剂的容器中。需要注意的是,助听器不能直接接触干燥剂,以防干燥剂受潮腐蚀设备。当干燥剂颜色发生变化时,须做相应处理,必要时应更换新的干燥剂。

2. 清洁

因为患者需要经常佩戴助听器,而耳垢会影响助听器的使用寿命,所以患者应当按照设备说明书定期清洁助听器,或者定期去助听器验配中心对设备进行专业保养,这样可以提高助听器的使用寿命及效果。

3. 保存与更换电池

在不使用助听器时,应当关闭设备,并把电池取出。助听器的电池可以使用几天到几周,这取决于电池的类型和助听器的用电量、使用频率等。当电池电量低于一定程度时,助听器将停止工作,此时应立刻更换电池。如果长期不使用助听器,应将电池取出另放,防止电池漏液腐蚀设备。

第十四章

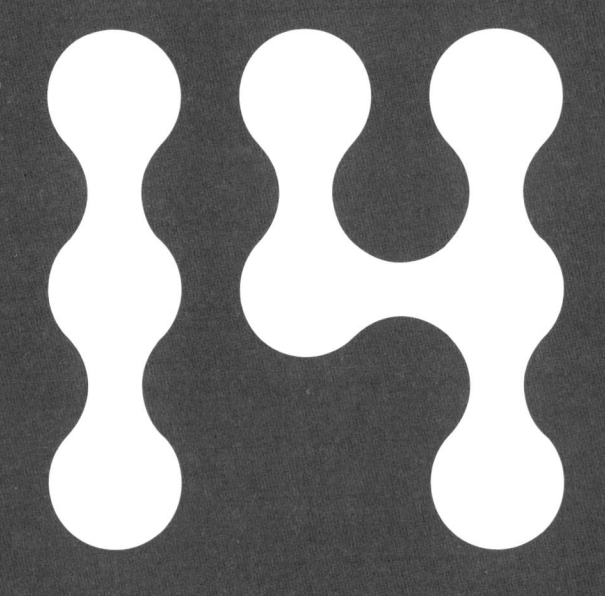

双目失明

双目失明

指因疾病或意外伤害导致双眼视力永久不可逆性丧失,双眼中较好眼须满足下列至少一项条件:

(1)眼球缺失或摘除;
(2)矫正视力低于 0.02(采用国际标准视力表,如果使用其他视力表应进行换算);
(3)视野半径小于 5 度。

注:如果保险公司仅承担被保险人在某年龄之后的保障责任,须在疾病定义中特别说明。

眼球的基本结构

在人体的器官中，眼球的结构（见图 14-1）是非常精密的。眼球正面中间黑色的部分是瞳孔，外界光线通过这里进入眼睛。我们中国人瞳孔周边的环带大部分呈棕色，这一圈叫作虹膜，其作用是过滤不必要的光线，让进入瞳孔的光线强弱均匀。眼球最外面的一层白色部分是巩膜。

光线在眼睛里的通道从外到内有三部分。最外面是角膜，它完全透明，所以肉眼几乎观察不到它的存在。再往里面是晶状体，它的形状像一块凸透镜。晶状体的后面是一个充满液体的大球，叫作玻璃体。角膜、晶状体和玻璃体都是完全透明的，它们的作用像一组放大镜，让人的眼睛像望远镜一样能看清楚远处的东西。如果这三者中的任何一者变得浑浊不再透明，光线就无法进入眼睛，导致看不见东西。比如，晶状体老化之后变得浑浊不透明，光线没法进到眼睛里，就是我们所说的白内障。不过，角膜、晶状体或玻璃体出现问题导致的失明是可以治疗的，因为它们都可以替换。比如，角膜可以移植；白内障患者可以做手术更换人工晶状体；至于玻璃体，其实有没有它我们都能看到东西，所以可以用人工替代品，或者不要也可以。

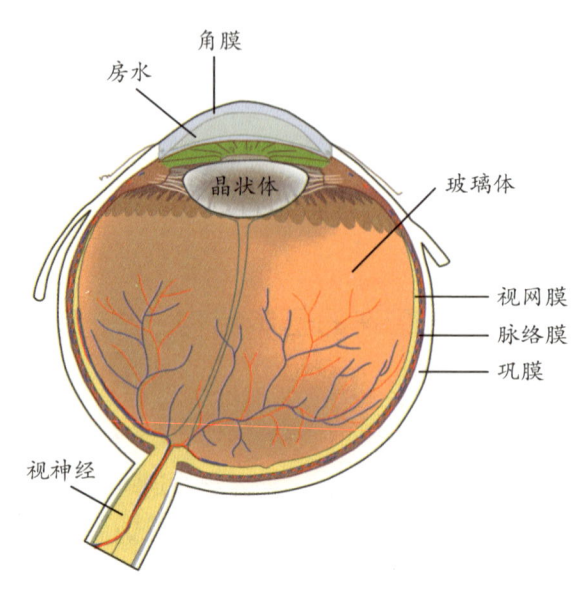

图 14-1　眼球结构示意图

在角膜、晶状体和玻璃体后面，是对视力更加重要的部分。

首先是视网膜，这层膜由视神经细胞组成。外界光线到达视神经细胞之后，会被处理成神经信号，然后通过眼球后面的视神经传输到大脑里，我们才能看到图像。如果只有光线进入眼睛，没有神经细胞去收集和处理信号并传到大脑里，我们就看不见东西。有些患者的角膜、晶状体、玻璃体都是好的，但就是看不见东西，就是因为这些神经细胞出了问题。视网膜并不包围整个眼球，它只占眼球大约 1/3 的表面积，光线只有投到了视网膜上，人才能够看到图像。如果光线角度有偏差，无法照到视网膜上，眼睛是看不到东西的。眼睛盯着正前方时余光能看到的空间范围，就是人眼的视野，它是由视网膜覆盖的面积决定的。

在视网膜外面还有一层膜，叫作脉络膜。脉络膜实际上由血管构成，它的作用就是给视网膜提供养分。你可能听过一种病叫"视网膜脱落"，就是指视网膜从脉络膜上掉下来，掉落之后得不到养分供应，视网膜上的细胞很快就会死掉。所以，视网膜脱落会导致视力严重受损，如果脱落面积比较大，甚至会导致失明。

眼球最外面还包裹着一层膜，叫作巩膜。巩膜实际上由三层结构组成：最外面的一层富含血管；中间层不透明，基本不含血管，组织排列非常紧密；最内层含有大量的色素细胞，它可以使巩膜的内面呈现棕黑色。由于巩膜与角膜共同构成了眼球的外壁，所以对维持眼球的形态具有重要的意义。除此之外，与角膜相比，巩膜是不透明的，这就保证了光线只能从角膜通过，达到眼底。同时，巩膜还具有一定的弹性和韧性，对眼内的压力和外界的力量具有一定的抵抗能力。

此外，视网膜中还有一个非常特别的结构，叫作黄斑。它是视网膜上视神经细胞聚集的"大本营"，就像计算机的中央处理器一样，对视力的形成十分重要。如果我们想看清楚某些小字或某个细节，会紧紧盯着看，这实际上就是让所有进入眼睛的光线图像信号集中在黄斑的位置。

黄斑再往下一点就是视神经，它负责把信号传送到大脑中。如果人眼的视神经细胞出现问题，那就比较麻烦了。因为视神经细胞一旦坏死，无法修复，而且是永久不可再生的，所以大部分视神经细胞坏死导致的失明是无法治疗的。

上述这几个重要部分，组成了眼球后半部分的视力成像系统。

视力受损程度的诊断

导致眼睛失明的原因是多种多样的，除了先天性失明，还有一些疾病引起的失明，常见的有白内障、青光眼、糖尿病、高血压、高度近视、药物以及各种外伤导致的损伤。失明会给人的生活带来极大不便，所以当我们感觉眼睛不适时，一定要积极去医院就诊和治疗，千万不能忽视。

那么，医院是如何诊断患者视力受损情况的呢？最简单的方法是眼科医生检查患者眼睛的结构，观察各个部位有没有病理性的改变，眼球是不是正常。

检测方法主要有两种。一种是电脑验光。医生可以通过电脑验光来观察患者眼睛的变化。我们的眼睛会不由自主调节眼球去追踪屏幕上的光点，患者很难通过说"看不见"隐瞒真实的视力状况。另一种是视力表检测。医生可以使用常见的视力检测表（E字表）进行检测，也可以使用专用的视野检测表进行检测。

重疾险保障的双目失明

首先，本条疾病定义要求双眼视力永久不可逆性丧失。"永久不可逆"是需要一段时间来观察确定的，通常要持续超过180天。目前，下面这五个部位出现问题导致的视力损伤是无法在180天内治愈的。

1. 眼角膜

虽然现代医学可以通过角膜移植进行治疗，但是因为角膜移植的供体不足，有些失明的患者可能一直都等不到移植机会。目前在全世界范围内，等待角膜移植的患者不计其数。每年国内供移植的角膜数量不多，大多数等待的患者实际上相当于永久失明了。角膜出现健康问题，主要是因为发炎和创伤，经常用手揉眼睛就容易引起角膜炎。

2. 视网膜

它是视神经细胞接收光线信号的地方。和失聪一样，如果是器官的物理性结构出现问题，一般是可以治疗的；如果是神经出现问题，就是不可逆的了。

3. 黄斑

它是感光的视神经细胞最集中的地方，对我们视力的形成至关重要。我们平常体检检查视力，查的就是黄斑区，因为它只要稍有病变就会影响视力。

4. 视神经

神经性失明通常是永久不可逆的。比如，因青光眼而永久性失明的人特别多，就是因为它对黄斑和视网膜造成了伤害。青光眼的特征之一是头疼，如果患者头疼查不出原因，可以去眼科检查一下。和病毒感染导致失聪一样，视神经出现问题一般也是病毒感染造成的。

5. 大脑

如果大脑处理图像的中枢出现问题，目前医学是没有办法解决的，它给患者带来的影响不仅是失明，还有可能危及生命。

除此之外，眼球缺失或摘除也属于永久不可逆性的损伤。白内障或超高度近视一般不会导致永久性失明。

其次，双眼中较好眼的矫正视力要低于 0.02。视力指的是所有光线汇集到黄斑区，人眼仔细观察能够看到的程度。视力检查通常使用视力检测表，即 E 字表。患者在距离视力检测表 5m 的位置站好，测试单眼视物识别的能力，直到看不清为止。在 5m 处能看清楚视力检测表上面最大的 E 字，视力就是 0.1。如果患者看不清，可往前走到 4m、3m、2m……如果必须距离视力检测表 1m 才能看清，那么这时候患者的视力就是 0.02。需要注意的是，这里的视力是指矫正视力，也就是借助眼镜或放大镜等工具之后，视力仍然低于 0.02。

最后，视野半径要小于 5°。视野的检查有一个非常简单的方法，即举起一根手指放在鼻子正前方，眼睛目视前方不要动，然后把手指向左逐渐挪开，挪到眼睛看不到它为止，那么这个位置就是视野边缘。正常人左右视野加起来大概有 180°。简单地说，视野就像眼睛自带的一扇门，视野半径小于 5°，相当于门几乎要关上了，只留下一条很窄的缝。现代的视野检查通常通过机器来完成，标准化、自动化程度高。在检查过程中，被检查者下巴固定，眼睛注视正前方，仪器会随机发出声音和亮点，如果被检查者能看到亮点，按动手中的按钮即为一次响应。如果机器调节到 5° 视野，被检查者还是看不到，就达到理赔条件了。

视野小于 5° 的人只能看到眼前非常狭窄的范围，如果想要看到整个屋子，脑袋就必须左右转动，这是非常痛苦的。

将眼睛的视野和视力两个因素结合起来才能判断患者是不是失明。

双目失明的理赔要点

理赔时机：确诊双目失明 180 天后。

理赔材料：病历材料、视力及视野检测报告。

理赔依据：积极治疗 180 天视力仍然没有改善；眼球缺失或摘除、矫正视力低于 0.02、视野半径小于 5°，三项条件至少满足其一。

小贴士

失明患者需要学会的五件事

失明患者在生活中有诸多不便,如何适应今后的生活,是个不得不面对的问题。以下五件事,是失明患者需要学会的。

1. 调整心态

失明患者往往会感到震惊和哀伤,出现绝望、意志消沉、无兴趣等负面情绪。因此,失明患者要学会的第一件事就是调整好自己的心态,积极走出失明的阴霾。在这个过程中,家属的态度也十分重要,如果家属可以提供物质与精神上的支持,能够有效帮助患者重新获得自信和希望。

2. 使用智能手机

通过安装读屏软件,失明患者也能正常操作手机,进行微信聊天、收发邮件、阅读小说等。这能够缓解患者的恐惧与焦虑心理。

3. 独立出行

失明患者在独立出行前要进行相应的活动训练,学会使用盲杖,辨认盲道;还可通过导盲犬、激光手杖、障碍感应发生器等解决出行问题。

4. 学习盲文及相关职业技能

根据个人状况,失明患者可以学习盲文,获取更多知识;还可以参加相关职业技术培训,重新参与到社会事务中。

5. 改变家中生活区域

失明患者的房间陈设应尽量简单、整洁,室内物品按照一定顺序放置,减少地面障碍物。

第十五章
瘫痪

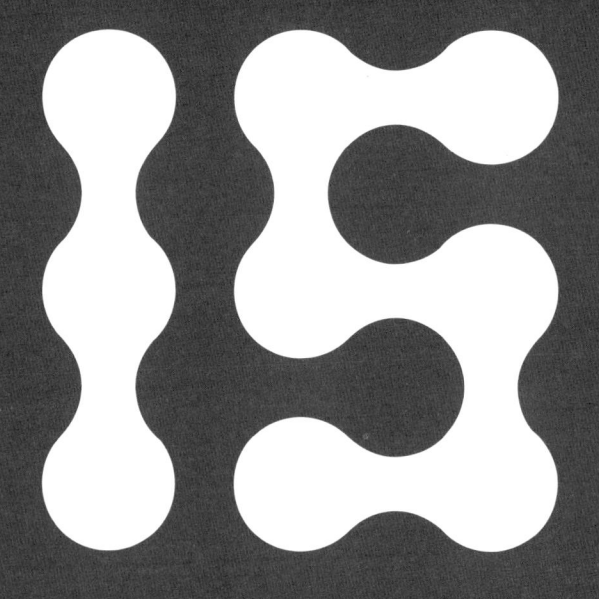

瘫痪

指因疾病或意外伤害导致两肢或两肢以上肢体随意运动功能永久完全丧失。肢体随意运动功能永久完全丧失，指疾病确诊 180 天后或意外伤害发生 180 天后，每肢三大关节中的两大关节仍然完全僵硬，或肢体肌力在 2 级（含）以下。

认识瘫痪

瘫痪有很多种，比如单瘫、偏瘫、交叉性瘫痪、截瘫、周围神经性瘫痪、肌肉病变和神经肌肉接头处病变导致的瘫痪等。本条疾病定义所说的瘫痪是指因疾病或意外伤害导致两肢或两肢以上肢体随意运动的功能永久完全丧失。因此，单瘫不在本条疾病定义的保障范围内，理赔实务中相关的拒赔案件大都是因为被保险人是单瘫。

绝大多数的瘫痪都是因为神经系统出了问题。人体的神经系统由中枢神经系统和周围神经系统两部分组成。中枢神经系统包括脑和脊髓，周围神经系统包括脑和脊髓以外的所有神经结构（见图15-1）。由于人类的神经系统，特别是中枢神经系统一旦受损，暂时还没办法自我修复和再生，所以瘫痪就意味着终身的生活不便。

造成瘫痪的具体原因是比较复杂的，有中枢神经损伤或病变引起的瘫痪、周围神经损伤或病变引起的瘫痪，以及人体肌肉和骨骼异常导致的瘫痪。中枢神经损伤或病变引起的瘫痪比较常见，比如脑出血、脑梗死引发的瘫痪。周围神经是人体四肢与脑和脊髓联系的神经，包括传入和传出的神经。如果把脑和脊髓比作高速公路，周围神经就是乡村小路，小路出了问题，即使中枢神经是好的，信号也传达不到手和脚，肢体也就动不了。如果神经系统的信号传输是好的，脑和脊髓的指令都能发出也都能被接收到，但是人体的肌肉或骨骼出了问题，肢体也不可能动起来。

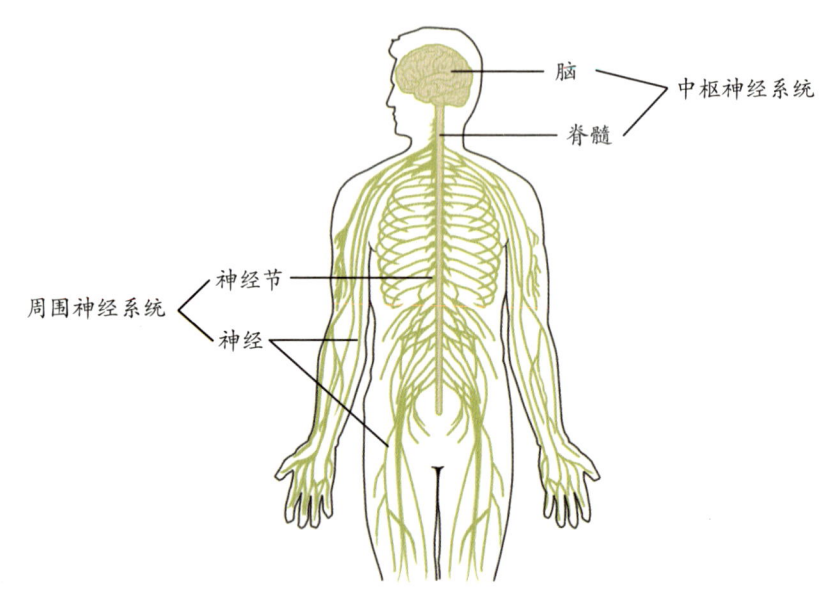

图 15-1　中枢神经系统与周围神经系统示意图

综上所述，一个人想要活动，他的神经中枢先要给出"想法"，"想法"经由神经传达到肌肉，然后肌肉动起来，才算完成了整个活动。这个过程的任何一个环节出现问题，都可能导致瘫痪。

与瘫痪有关的疾病

表 15-1 列举了一些与瘫痪有关的疾病，这些疾病都可能是瘫痪的诱因。

表 15-1　与瘫痪有关的疾病

与神经系统相关的疾病	其他相关疾病
严重非恶性颅内肿瘤 严重脑炎后遗症或严重脑膜炎后遗症 脑中风后遗症 严重的多发性硬化 严重帕金森病 严重运动神经元病 严重脑损伤 进行性核上性麻痹 开颅手术 亚急性硬化性全脑炎 克雅氏病 进行性多灶性白质脑病 破裂脑动脉瘤夹闭手术 脊髓小脑变性症 多处臂丛神经根性撕脱	多个肢体缺失 严重Ⅲ度烧伤 严重类风湿性关节炎 成骨不全症第三型 椎间盘脱出

左侧这一列是与神经系统相关的疾病，可能会导致患者的神经系统出现问题，引起瘫痪。当然，神经系统还分中枢神经系统和周围神经系统。严重的多发性硬化和严重运动神经元病，就属于周围神经系统出现了问题。此时患者的大脑虽然是好的，但是指令无法向下传达，一样会引起瘫痪，比如多处臂丛神经根性撕脱就是类似的情况。

除了与神经系统相关的疾病，还有其他疾病会导致瘫痪，包括多个肢体缺失、严重Ⅲ度烧伤、严重类风湿性关节炎、成骨不全症第三型等。得了这些病，虽然患者的行动意识可以被传达下来，但是身体的肌肉和骨骼不给力，所以动不起来。除此之外，椎间盘脱出也是导致瘫痪的常见原因，但它通常不属于重疾险的保障范围，因为这种病比较常见且可以治疗。如果一位客户患有椎间盘脱出，想要购买重疾险，保险公司可能会除外瘫痪责任承保。

瘫痪的检查和诊断

对瘫痪的检查和诊断与其他疾病不一样,要综合考虑患者病情的分布、性质、时间等因素,选择合适的检查方法。比如,单瘫、偏瘫、四肢瘫、交叉性瘫痪的检查一般选用脑 CT、MRI、脑电图等。截瘫患者的病变部位多在脊髓,其检查一般选用腰椎穿刺、脑脊液动力学检查、椎管造影或脊髓 MRI 等。周围神经性瘫痪患者应做肌电图、腰椎穿刺、脑脊液动力学检查及常规检查等,必要时还需要做神经肌肉活检。肌肉病变(如重症肌无力等)患者应做肌电图、血清学检查及肌肉活检。

重疾险保障的瘫痪

本条疾病定义有以下三个要点:

第一个要点是,只有因疾病或意外伤害导致的瘫痪,才符合赔付条件。

第二个要点是,要有两肢或两肢以上肢体随意运动功能永久完全丧失。所以,单瘫是无法理赔的。疾病定义还明确规定,患者确诊瘫痪 180 天后或意外发生 180 天后,才可以申请理赔,否则不能认定患者的肢体随意运动功能永久完全丧失。由此我们可以看出,重疾险并不是用来支付医疗费用的,患者需要经历一段较长的观察期,才能达到理赔的条件。

第三个要点是,需要满足每肢三大关节中的两大关节完全僵硬,或肢体肌力在 2 级(含)以下。我们在前面说过,人有四肢,每肢都有三大关节,上肢有肩关节、肘关节、腕关节,下肢有髋关节、膝关节、踝关节。疾病定义中说的"两大关节完全僵硬",就是指三个关节中必须有两个是直的,不能弯曲。除此之外,肢体肌力在 2 级及以下,也属于肢体功能丧失。肢体肌力 2 级是什么概念呢?它是指患者的肢体可以在床面上移动,但不能抬高。

旧规范中的肢体功能完全丧失要求肢体不能随意活动。新规范中则要求肢体肌力在 2 级及以下,也就是可以在床面上移动,只要不能抬离床面就可以(见表 15-2)。

表 15-2 新、旧规范对"瘫痪"的定义

旧规范	新规范
瘫痪 指因疾病或意外伤害导致两肢或两肢以上肢体机能永久完全丧失。肢体机能永久完全丧失,指疾病确诊 180 天后或意外伤害发生 180 天后,每肢三大关节中的两大关节仍然完全僵硬,或不能随意识活动	瘫痪 指因疾病或意外伤害导致两肢或两肢以上肢体随意运动功能永久完全丧失。肢体随意运动功能永久完全丧失,指疾病确诊 180 天后或意外伤害发生 180 天后,每肢三大关节中的两大关节仍然完全僵硬,或肢体肌力在 2 级(含)以下

令人惊叹的外骨骼

日本 Cyberdyne 公司的创立者山海嘉之教授耗时 20 多年所研发的外骨骼动力服 HAL(Hybrid Assistive Limb,混合辅助肢体),已经在美国医疗领域应用,它是供脑中风、脊髓损伤等疾病导致的下肢瘫痪者使用的外骨骼式术后恢复医疗器械。美国食品药品监督管理局正式批准了 Cyberdyne HAL 外骨骼用于医疗复健领域,目前其在佛罗里达州一家医护中心已正式投入使用。

HAL 的原理是在患者大腿运动神经处布置数个名为"机体探

测节点"的传感器，以监测来自大脑的运动指令、生物电信号，然后让外骨骼代替肌肉来执行站立、步行、攀爬等动作，辅助患者重新站起来并走向康复。患者原本瘫痪的下肢能够在 HAL 的辅助下实实在在地运动，并将运动的感觉反馈给大脑，配合相应的康复训练，令大脑学习如何输出必要的生物电信号控制下肢。一段时间后，患者有可能脱离 HAL 独自行走，令人惊叹。然而，HAL 完整套装的价格极其昂贵，超过 20 万美元[①]。

重疾保险金不限定用途，这意味着患者可以用它去做任何事，比如去配一个好的假肢，或者购买一套 HAL——只要你有足够的保额。

瘫痪的理赔要点

理赔时机：疾病确诊 180 天后或意外伤害发生 180 天后。

核心材料：病历材料、检查报告。

理赔依据：必须是因疾病或意外导致的瘫痪；至少有两个肢体，且每肢三大关节中的两大关节完全僵硬，或肌力在 2 级（含）以下；疾病确诊或意外伤害发生后须等待 180 天。

---

① 智能界. 日本研发康复型外骨骼 HAL，正式用于医疗复健领域 [EB/OL].（2018-10-31）[2022-06-01]. http://m.znjchina.com/cp/16432.html.

小贴士

瘫痪患者护理应注意的五个方面

针对瘫痪患者的护理一定要特别细致,具体来说,护理人员应从皮肤护理、肺部护理、饮食护理、二便护理、肢体护理五个方面着手,以提高患者的生活质量。

1. **皮肤护理**

   瘫痪患者的肢体不能活动,长时间维持一个姿势,皮肤容易出现压疮。所以,护理人员要定时帮助患者翻身,每隔1～2小时就可以帮助其活动一下,比如由左侧卧位变成右侧卧位或者平卧位;平时还应注意勤擦洗患者的身体,保持患者的衣物清洁。

2. **肺部护理**

   由于瘫痪患者无法活动,咳痰可能有困难,所以护理人员应帮助患者翻身、拍背排痰,也可以使用吸痰器;建议每隔1～2个小时翻身拍背排痰、吸痰一次。

3. **饮食护理**

   护理人员应为瘫痪患者提供营养丰富、易于消化的食物,并注意食物中膳食纤维的供给;还应让瘫痪患者多饮水,吃半流质食物。患者饮食要有节制,不宜过饱。

4. **二便护理**

   有些瘫痪患者由于长期卧床,无法进行体力活动,消化、吸收功能下降,易发生便秘。此时,护理人员可使用开塞露辅助通便。此外,为预防尿路感染,护理人员应每日为患者清洗外阴和肛门,保持它们的清洁和干燥。

5. 肢体护理

瘫痪患者的肌肉缺乏运动,容易出现萎缩症状。所以,护理人员应定时对患者进行体位变换,鼓励患者做主动运动;每天可以定时为患者按摩、拉伸肌肉,防止其关节变形和肌肉韧带挛缩。

第十六章

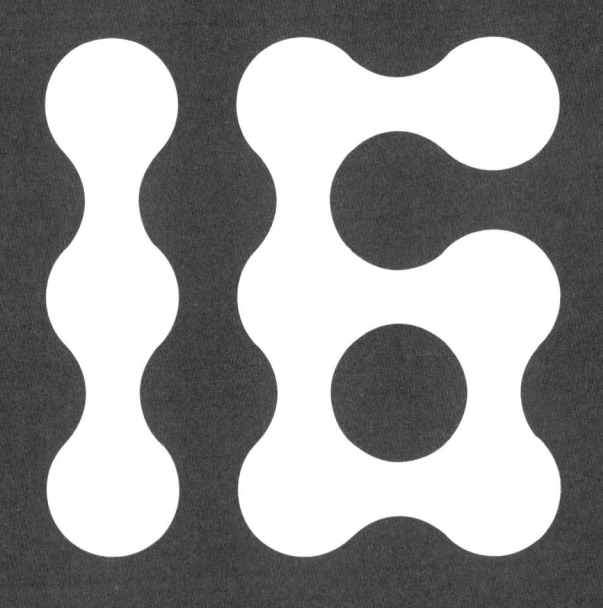

心脏瓣膜手术

心脏瓣膜手术

　　指为治疗心脏瓣膜疾病,已经实施了切开心脏进行的心脏瓣膜置换或修复的手术。

　　所有未切开心脏的心脏瓣膜介入手术不在保障范围内。

第十六章　心脏瓣膜手术

认识心脏瓣膜

我们的心脏由四个腔室组成，分别是右心房、右心室、左心房和左心室。上面两个部分是心房，下面两个部分是心室。在心房和心室之间，分别有心脏瓣膜。在心脏的上面可以看到两支非常大的血管，红色的主动脉和蓝色的肺动脉，在主动脉和肺动脉的开口处又分别有一个瓣膜。这就是心脏的四个瓣膜（见图 16-1）。

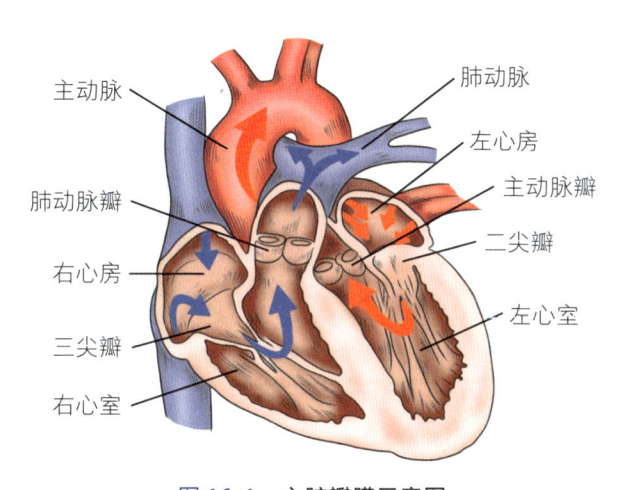

图 16-1　心脏瓣膜示意图

心脏瓣膜的作用是使血液按规定的方向和路线流动，防止血液逆流。血液在血管（包括动脉、静脉和毛细血管）中流动，它最主要的作用就是携带氧气并将其运输到全身，以供各个器官和组织使用。根据氧气含量的多少，血液可以被分为两类：含氧量多的是动脉血，含氧量少、二氧化碳多的是静脉血。

心脏就像一个泵，为全身供血，但它本身不能产生氧气，所以血液必须流经肺部，在肺部进行氧交换。这就构成了人体的血液循环系统。为了清楚理解心脏瓣膜的作用，我们结合图 16-1 来简单了解一下人体的血液循环过程。

血液循环的动力来自心脏的收缩和舒张。左心房通过收缩，把富含氧气的动脉血经过二尖瓣送入左心室，再经过主动脉瓣送入主动脉，为全身各个器官和组织提供氧气和营养物质，同时不断运走二氧化碳等废物。需要注意的是，此时血液的性质已经发生改变，由动脉血变为静脉血。静脉血通过上、下腔静脉回流至右心房，经过三尖瓣进入右心室。右心室再通过收缩，把静脉血经过肺动脉瓣送入肺动脉，在肺部进行氧交换。此时血液的性质又由装满二氧化碳等废物的静脉血变回富含氧气的动脉血。动脉血再经肺静脉回到左心房。然后，左心房再次收缩，将血液通过主动脉输送到全身……如此反复。

四个瓣膜相当于四扇"门"，保证血液在心脏里按照固定的方向进出，单向通过。

心脏瓣膜关闭不全与瓣膜狭窄

心脏瓣膜是只能单向通过的"门"，防止血液不按照规定的路线流动，因此心脏瓣膜最常见的问题有两种：一种是瓣膜关闭不全，另一种是瓣膜狭窄。

不管是二尖瓣、肺动脉瓣、三尖瓣还是主动脉瓣，哪一个瓣膜关闭不全都会造成严重的问题。发生瓣膜关闭不全，也就是"门"没有关严实，血液就会反流回心房或者心室，使心房或心室因负荷过重而扩张，长此以往将导致心脏功能下降，无法把足够的血液送进肺里变成含氧充沛的血液，供应全身。

比起瓣膜关闭不全，更常见的问题是瓣膜狭窄。瓣膜狭窄，意味着心脏里的"门"开得很小，每次能够送到肺脏接受氧交换的静脉血数量就会下降，同样会导致心脏不能向全身供应足够的含氧血液。

瓣膜狭窄或者瓣膜关闭不全分为轻、中、重三个程度。轻度的瓣膜狭窄或瓣膜关闭不全对心脏的影响不大，可以被认为是一种正常的生理性现象，正常人偶尔也会发生。这不算疾病，也不需要治疗。只有出现中度以上的瓣膜狭窄或瓣膜关闭不全才会影响心脏的功能。

那么，心脏瓣膜为什么会出现狭窄、关闭不全这些问题呢？

最常见的原因是老年性的心脏瓣膜改变。人刚生下来时，心脏瓣膜是好的，但是心脏必须一刻不停地搏动，到六七十岁时已经跳了几百万次，这样不停地使用会造成心脏瓣膜老化，所以一些老年人的心脏瓣膜可能会出现问题，这就是过度使用造成的老年性改变。当这种改变发展到中度或者重度的时候，就需要做手术治疗。

另外一个导致心脏瓣膜出问题的原因是风湿性心脏病，又称为风湿性心脏瓣膜病。风湿病不是湿气导致的，而是因为感染了链球菌以后身体发生的免疫误伤。为什么说是"误伤"呢？链球菌的外皮含有一种和人体滑膜相似的成分，而滑膜组织分布在我们的关节和心脏瓣膜组织里，感染链球菌以后，身体的免疫系统在杀死链球菌的同时，看到了滑膜组织，心想：这里也有链球菌，我要把它一起消灭！这就导致关节和心脏瓣膜组织被误伤。所以，风湿病不仅会让关节受损，还特别容易伤害人体的心脏瓣膜，造成瓣膜狭窄或瓣膜关闭不全。还有一些特殊的细菌，特别容易在心脏瓣膜上附着和生长，引发问题。

前面我们讲"较重急性心肌梗死"时，疾病定义里有一条要求是"影像学检查证实存在新发的乳头肌功能失调或断裂引起的中度（含）以上的二尖瓣反流"。这说明心肌梗死也会引起心脏瓣膜狭窄或瓣膜关闭不全。

心脏瓣膜疾病的诊断与治疗方法

心脏瓣膜相关疾病的诊断非常简单，只需要做 B 超检查就可以看得非常清楚，病情分期也就可以确定了。还有一个简单的判断方法，就是用血压计测量血压，然后用高压测量值减去低压测量值，所得的压差如果大于 80mmHg 甚至到了 100mmHg，主动脉瓣关闭不全的可能性就比较大了。

治疗心脏瓣膜疾病，可以切开心脏进行心脏瓣膜置换或修复手术。在本条疾病定义中，未切开心脏的心脏瓣膜介入手术不在保障范围内。所以，这又是一个术后理赔的条款。本书的第五章"冠状动脉搭桥术（或称冠状动脉旁路移植术）"已经介绍过切开和不切开胸腔或心脏手术的区别，大家可以翻到那一章复习一下。

下面，我们来详细讲讲治疗心脏瓣膜疾病的两种手术方法。

1. 瓣膜置换

如果患者需要做瓣膜置换手术，就说明原来的心脏瓣膜功能已经完全丧失，只能用人工的材料去替换。人工瓣膜的材料选择很重要。生物瓣是最接近人体组织的，但它跟所有的生物制品一样，使用时间长了会老化，变硬、变脆，容易损伤。生物瓣的使用年限是10～20年，对于年轻人来讲，选择置换生物瓣，意味着一生中可能会进行多次手术。为了让瓣膜的使用时间更长，金属材料制成的机械瓣被研制出来。但是，金属材料在人体内属于异物，需要保养，否则它容易把血液里的有形成分（如血小板、血细胞）粘在一起形成血栓，造成更致命的问题。所以，置换了机械瓣的患者需要终身服用抗凝药物。

2. 瓣膜修复

做瓣膜修复手术的目的是恢复患者心脏瓣膜的功能，它用的还是原来的人体组织。这对患者来说是较好的选择。

两种心脏瓣膜手术方法各有优点，它们的目的相同，都是为了治疗心脏瓣膜疾病，而且这两种手术方法都在重疾险的保障范围内。不过，绝大多数情况下医生会建议患者选择瓣膜置换手术，因为瓣膜修复手术过后一段时间可能还要做二次修复，不如做瓣膜置换手术一次到位。

需要注意的是，旧规范和新规范关于这一条是有区别的，前者要求"实际实施了开胸进行的瓣膜置换或修复的手术"，后者要求"已经实施了切开心脏进行的心脏瓣膜置换或者修复的手术"（见表16-1）。

表16-1 新、旧规范对"心脏瓣膜手术"的定义

旧规范	新规范
心脏瓣膜手术 指为治疗心脏瓣膜疾病，实际实施了开胸进行的心脏瓣膜置换或修复的手术	心脏瓣膜手术 指为治疗心脏瓣膜疾病，已经实施了切开心脏进行的心脏瓣膜置换或修复的手术。所有未切开心脏的心脏瓣膜介入手术不在保障范围内

心脏瓣膜手术的理赔要点

理赔时机：实施手术以后。

核心材料：住院病历、手术记录。

理赔依据：瓣膜置换或修复二选一。

特别注意：必须是切开心脏的瓣膜手术。

小贴士

心脏瓣膜术后的四个注意事项

1. 观察病情

术后应观察患者有无发热、关节疼痛、呼吸困难、水肿等症状，还要关注患者尿量的变化。

2. 复查与用药

患者出院后，应每3个月复查一次，方便医生了解患者的心功能、瓣膜功能、抗凝情况等。由于个体的差异，每位患者所服用的抗凝药剂量不同，出院后应遵医嘱定期检测凝血酶时间，确保用药剂量的准确和有效。患者切忌擅自停药或随意更改药物剂量。

3. 饮食安排

患者应确保日常营养均衡，补充足够的蛋白质、热量、维生素和纤维素，避免高糖、高脂、高盐饮食；对抗凝药物治疗有影响的食物，比如菠菜、胡萝卜、猪肝等不可过多或长期食用。此外，患者还应戒除烟酒、浓茶和咖啡。

4. 运动与休息

患者不可整日卧床静养，需要保持适当的活动量，以便在心功能恢复的同时增强体质，提高生活质量。但是患者在活动时应注意量力而行，避免重体力劳动或剧烈运动；尽量避免在潮湿寒冷的环境中居住，要注意防寒保暖，预防感冒。

第十七章

严重阿尔茨海默病

严重阿尔茨海默病

指因大脑进行性、不可逆性改变导致智能严重衰退或丧失，临床表现为严重的认知功能障碍、精神行为异常和社交能力减退等，其日常生活必须持续受到他人监护。须由头颅断层扫描（CT）、核磁共振检查（MRI）或正电子发射断层扫描（PET）等影像学检查证实，并经相关专科医生确诊，且须满足下列至少一项条件：

（1）由具有评估资格的专科医生根据临床痴呆评定量表（CDR, Clinical Dementia Rating）评估结果为 3 分；

（2）自主生活能力完全丧失，无法独立完成六项基本日常生活活动中的三项或三项以上。

阿尔茨海默病之外的其他类型痴呆不在保障范围内。

注：如果保险公司仅承担被保险人在某年龄之前的保障责任，须在疾病定义中特别说明。

大脑如何进行记忆工作

在了解阿尔茨海默病（AD）的发病原理之前，我们先来了解一下大脑是怎样进行记忆工作的。

大脑的记忆分为长期记忆和短期记忆。长期记忆是能够保持几天到几年的记忆，比如我们一旦学会了游泳、骑自行车、开车等技能，就不会忘记。而短期记忆只能保持几秒钟到几分钟，而且信息容量非常有限，比如我们出门前列的购物清单，买完东西以后可能很快就忘记了。

如果我们把大脑比作一台电脑，长期记忆相当于电脑的硬盘，信息会被永久地储存；而短期记忆就像是电脑的内存，使用完就被新的信息覆盖了。

大脑中负责储存短期记忆的是海马体，它因为外形酷似海马而得名。正常人的大脑会将接触到的信息传送给海马体，由海马体来判断哪些信息非常重要，哪些信息没什么用，需要舍弃。只有非常重要的或者短时间内被反复提起的信息，才会被海马体转运到大脑皮质储存，形成长期记忆。那些在短时间内没有被使用的信息，则会被删除。

认识阿尔茨海默病

随着我国人口老龄化程度加深和平均寿命增加，阿尔茨海默病越来越多地出现在我们的生活中。数据显示，在我国 85 岁以上老龄人口中，患有阿尔茨海默病的有 1/3。这将是一个越来越严峻的社会问题。

阿尔茨海默病是一种起病隐匿、进行性发展的神经系统退行性疾病，是痴呆的一种。痴呆在临床上有很多类型，除了阿尔茨海默病，还有额颞叶痴呆、帕金森病性痴呆、路易体痴呆、血管性痴呆等，这些痴呆背后的诱因各不相同。但本条疾病定义只保障阿尔茨海默病，因为它的发病率最高。

阿尔茨海默病的发病机制非常简单，就是人脑内的 β- 淀粉样蛋白生成过量和 / 或清除减少，在患者的大脑中聚集形成淀粉样斑块。它会破坏许多脑功能，并且可以杀死神经细胞，破坏血脑屏障[1]、tau 蛋白[2]。你可以简单理解为，阿尔茨海默病患者的脑内出现了许多淀粉样斑块和神经原纤维缠结，使其脑部变得像糨糊一样（见图 17-1）。这些"糨糊"是大脑里面的垃圾，正常人是可以把这些淀粉样蛋白从大脑中清除干净的，但是阿尔茨海默病患者的大脑丧失了清除这种垃圾的能力，所以它们在大脑中越堆积越多。

---

[1] 血脑屏障是人体血浆和脑脊液的一层屏障，可以阻止有害物质进入脑组织，对大脑造成损害。

[2] tau 蛋白是含量最高的微管蛋白。tau 蛋白过度磷酸化，影响了神经元骨架微管蛋白的稳定性，导致神经原纤维缠结形成。

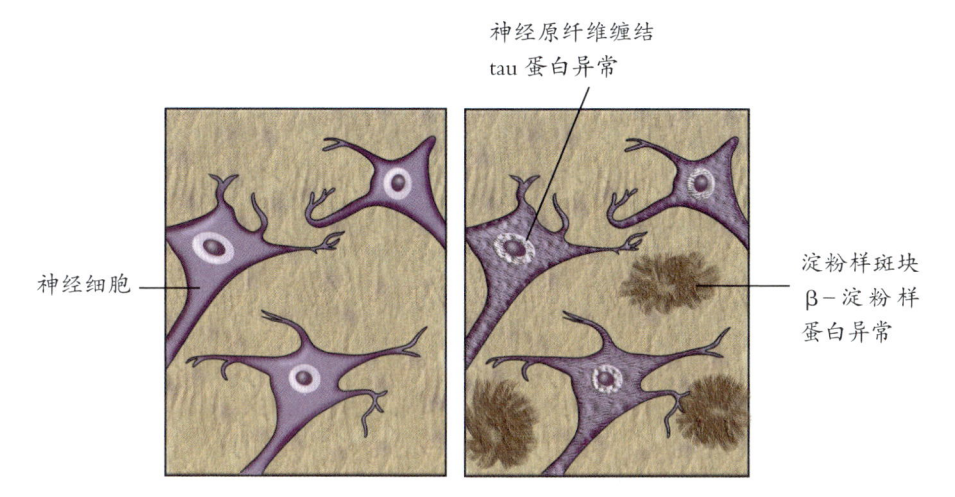

图 17-1　正常人的脑部（左）与阿尔茨海默病患者的脑部沉淀物（右）示意图

随着阿尔茨海默病的病情进展和加重，过多的淀粉样蛋白会造成海马体的神经细胞无法呼吸，以至于死亡。当海马体的神经细胞大量死亡时，储存短期记忆的海马体功能就会受损，导致人的短期记忆丧失。下面是正常人和阿尔茨海默病患者的大脑对比示意图（见图 17-2）。

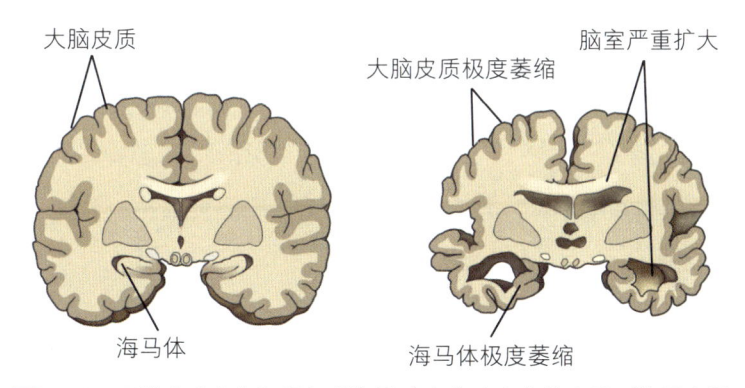

图 17-2　正常人（左）和阿尔茨海默病患者（右）的大脑对比示意图

记忆的消失

早期的阿尔茨海默病患者经常会出现"刚刚说过的话不记得了""明明把钥匙挂在脖子上,却在裤兜里翻来覆去地找"这类情况。这只是个开始。阿尔茨海默病病情的发展就像虫子啃食树叶,啃完这里啃那里,整个过程虽然非常缓慢,但是永远不会停止,也无法逆转。当病情蔓延至控制情绪的大脑区域时,患者就会出现情绪失控的现象,甚至会出现被迫害妄想症——家人在旁边照看他,他说这是在监视他;要带他出去走走,他说这是要将他赶出家门。

当这条虫子一直啃到大脑管理长期记忆的区域时,患者人生早期那些珍贵的记忆就会消失。正常人的遗忘规律是对远期发生的事情比较容易遗忘,对近期发生的事情则不太容易遗忘。而阿尔茨海默病患者正相反,其最典型的特征是逆行性遗忘,也就是患者总是会忘掉刚刚发生的事情,但是对 1 个月前、1 年前,甚至 10 年前的事情,记得很清楚。这正是阿尔茨海默病的可怕之处,它把一个人一生的记忆一点一点抹去,直到患者像个婴儿一样,不会说话、吃饭、走路,甚至无法控制大小便。

需要注意的是,阿尔茨海默病以外的痴呆患者,其记忆是没有规律或者是一下子成片失去的,只有阿尔茨海默病患者的记忆是从新到旧逆行性消失的。最终,患者的所有记忆被清空,连最基本的生活常识都会忘记。

如何诊断阿尔茨海默病

对阿尔茨海默病的诊断,同其他脑部重大疾病一样,需要做

CT、MRI 或 PET 等影像学检查，医生可以通过影像看到患者的大脑结构发生了改变——原本正常的脑组织变成了"糨糊"。所以，阿尔茨海默病的发现和确诊，一方面要看患者的症状，另外一方面要看影像学检查报告。

阿尔茨海默病的病程共分三个阶段：轻度、中度和重度。

在轻度阶段，患者会显示出智力减退，从刚刚发生过的事情开始，比如将日常所做的事情和常用的一些物品遗忘。随着病情不断进展，它对记忆的影响也会越来越严重。不过，患者在早期还是能够保留基本生活技能的，独立生活能力也相对完整，这个阶段会持续 3 年左右。

到了中度阶段，患者的记忆力会进一步下降。比如，记不清自己或者亲人的名字，也认不出家人，有时候在家里也找不到自己的房间，会出现不断地重复讲话、失语甚至精神反常的情况。此时患者不仅无法独立生活，甚至还会因为各种意外和并发症死亡。这个阶段会持续 2 年左右。

在重度阶段，患者的生活无法自理，也很难与人交流，会出现大小便失禁的情况，基本丧失了行走、微笑、吞咽等能力，甚至会常年卧床不起。

阿尔茨海默病的确诊依据

本条疾病定义要求阿尔茨海默病患者"自主生活能力完全丧失，无法独立完成六项基本日常生活活动中的三项或三项以上"。实际上，有的阿尔茨海默病患者是能够完成六项基本日常生活活动的，但是身边必须有人陪伴监督，否则会有走失等危险。如果单纯以无法完成六项基本日常生活活动中的几项为理赔标准，那么有一部分状况已经很严重的患者无法得到理赔。所以，新规范中新增加了痴呆评分为 3 分这一理赔条件——这是新规范总结临床医学经验的结果。当然，不管是自主生活能力完全丧失，还是痴呆评分为 3 分，都意味着患者的病情已经达到了"重度痴呆"。但是参照这个评分，阿尔茨海默病患者有可能提前 2～3 年拿到重疾保险金。

根据"临床痴呆评定量表"，医生通过与家属交谈获得信息，可以对患者认知受损的程度进行快速评估，判定病情的严重程度。关于"临床痴呆评定量表"的具体使用方法，本书第十一章已有详细讲解，此处不再赘述。

因为阿尔茨海默病是有规律的逆行性遗忘，所以患者从诊断得了阿尔茨海默病，到符合重疾险合同的理赔条件，至少需要 5 年时间，有的患者甚至要历时 10 年之久。试想一下，当一个家庭长时间受病情折磨，却不能进行理赔，是什么样的心情呢？所以，保险从业人员一定要让客户了解，重疾险与其他险种合理搭配，才能最大限度地帮助家庭渡过难关。

阿尔茨海默病的理赔要点

理赔时机：发病 5～8 年以后。

核心材料：影像学检查报告、专科医生确诊病历。

理赔依据：临床痴呆评定量表评估结果为 3 分或自主生活能力完全丧失。

特别注意：阿尔茨海默病之外的其他类型痴呆不在保障范围内。

> **小贴士**

预防阿尔茨海默病的三个原则

目前,临床医学对老年性痴呆疾病的诊断只针对重度阶段,而且病情发展是单向不可逆的,很难找到有效的治疗方法。但是,如果我们能够早发现、早干预,就能很好地延缓发病速度。预防阿尔茨海默病有三个原则。

1. 多运动、多社交

有研究表明,坚持锻炼身体的老年人比不坚持锻炼身体的老年人得阿尔茨海默病的风险更低。建议每周至少进行3次体育锻炼,老年人可以依据自己的身体状况选择合适的运动方式,比如打太极拳、跳舞、慢跑等。

2. 多用脑

多读书,每天阅读半小时到1小时为宜;坚持学习、培养一定的兴趣爱好,有助于老年人保持心智活跃,降低发生阿尔茨海默病的概率。

3. 合理饮食

老年人的饭菜应尽量少油少盐,可适量补充豆制品、粗杂粮、鱼类以及坚果。以蔬菜、水果、鱼类、五谷杂粮、豆类和橄榄油为主的"地中海饮食"方式可以保护大脑,延缓认知障碍的发生,降低阿尔茨海默病的患病风险。

第十八章

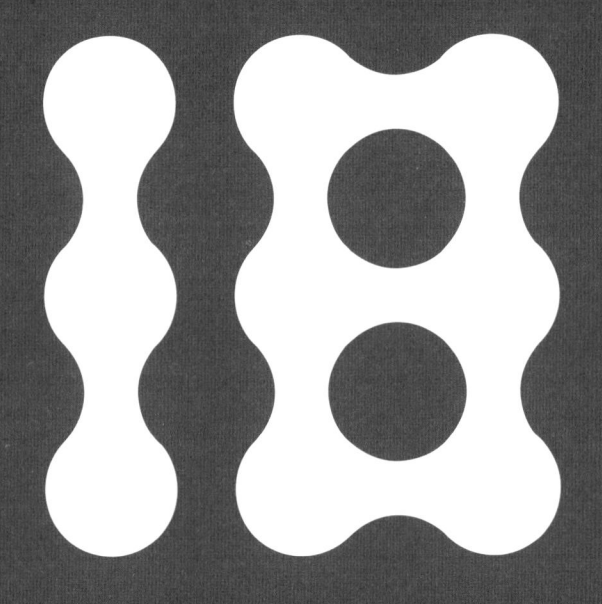

严重脑损伤

严重脑损伤

指因头部遭受机械性外力,引起脑重要部位损伤,导致神经系统永久性的功能障碍。须由头颅断层扫描(CT)、核磁共振检查(MRI)或正电子发射断层扫描(PET)等影像学检查证实。神经系统永久性的功能障碍,指脑损伤180天后,仍遗留下列至少一种障碍:

(1)一肢(含)以上肢体肌力2级(含)以下;
(2)语言能力完全丧失,或严重咀嚼吞咽功能障碍;
(3)自主生活能力完全丧失,无法独立完成六项基本日常生活活动中的三项或三项以上。

认识脑的组织结构

人脑是很复杂的器官,分为大脑、小脑和脑干三个部分。它们相互协作,控制着人的精神和行为(见图18-1)。

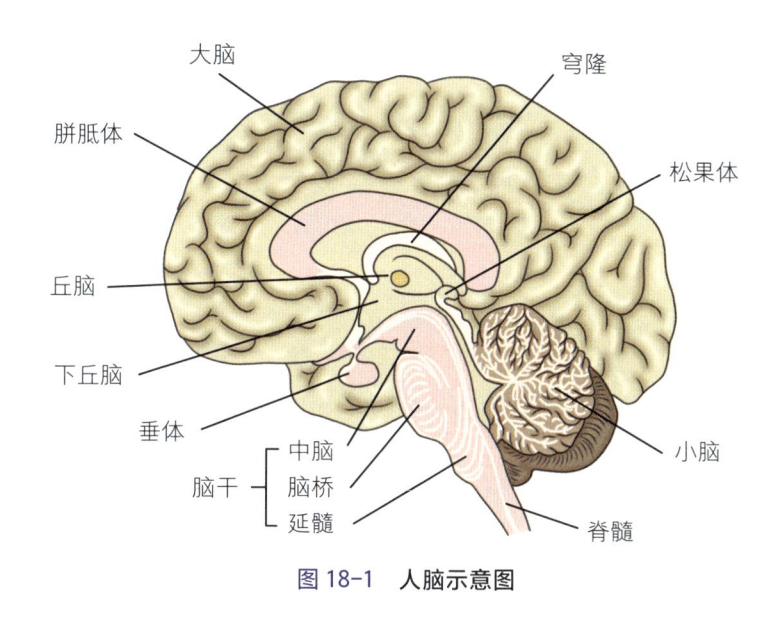

图 18-1 人脑示意图

大脑占脑总重量的80%,表面覆盖着灰色的大脑皮质。它有五个方面的重要功能,包括视觉功能、听觉功能、体觉功能、思维功能和精神功能。如果细分,它还有一些神经功能与自主神经功能,比如摄取食物,调节体温、心跳、呼吸、内分泌的功能等。除了这些基本功能，大脑还有其他哺乳动物不具备的高级功能，即认知功能，比如具有计算、记忆、学习、逻辑判断能力等。

小脑相对于大脑而言很小，其作用却非常重要。它能够有效调节人体运动的功能，控制肌肉的张力、调节肌紧张。简单来说，小脑可以使我们身体的肌肉处于轻度的紧张和收缩状态，以抵抗重力、维持身体的平衡。小脑一旦受损，身体就会出现各种运动及平衡异常。

脑干是连接大脑、小脑和脊髓的桥梁，其中有许多调节人体基本生命活动的中枢神经，比如调节呼吸、心跳、体温的中枢神经。中枢神经细胞几乎等同于人体的寿命，因为神经细胞一旦坏死，是无法更新的。

脑损伤是什么

脑损伤是对所有脑部损伤的统称，病情从轻微、中度到重度或特重度都包括在内。脑损伤可以分为两大类：一类是获得性脑损伤，也就是"后天事件"导致的脑损伤，比如脑中风、脑动脉瘤、感染引起的脑膜炎、药物或酒精等神经毒性物质引起的脑损伤等；另一类是创伤性脑损伤，是指头部或身体外部受到创伤导致大脑在颅内震荡引起的脑损伤。

本条疾病定义中的严重脑损伤指的是创伤性脑损伤，即由意外伤害造成，而非疾病导致的脑损伤，也叫脑外伤。这种意外伤害有些是因为缺乏安全意识造成的，比如人们在不戴头盔的情况下发生交通事故而引发的脑损伤。人们在骑行时佩戴头盔，可以大大降低发生脑损伤和意外死亡的风险。我国将每年3月最后一周的星期一定为全国中小学生的安全教育日,在这一天针对中小学生开展安全教育,其中很重要的一项就是提醒他们在骑车出行时必须佩戴头盔。

引起脑外伤的原因通常有两种:一种是外力挤压或破坏了颅骨,导致大脑暴露并受伤,这样的情况即使患者经过积极治疗活了下来,往往也会留下严重的残疾;另一种是脑震荡,这是更常见的原因。

脑震荡是如何产生的呢?我们可以把人的头部看作一个鸡蛋,颅骨就是蛋壳,脑组织则是蛋黄,蛋白就是包裹着脑组织的液体,也就是我们所说的"脑脊液"。在坚硬的颅骨的保护下,脑组织稳坐在头颅里。当头部遭受猛烈撞击时,由于惯性,脑组织会继续向前运动,但是脑组织外面的颅骨被外力强行停止,结果就是脑组织狠狠地撞在颅骨内壁上,导致了脑震荡。脑震荡对颅脑造成的损伤可大可小,严重的情况可能造成出血、水肿,甚至会造成神经系统永久性的功能障碍。

脑外伤的发生率出乎意料地高。据临床统计,它在全身外伤发生率中排名第二,仅次于手和脚的外伤,致死致残率却排在第一位。可见,人们在生活中具备良好的安全意识、了解防护措施十分重要。

发生脑损伤会有哪些症状

脑损伤不是一种简单的疾病,它的危害性是不确定的。

如果发生了轻微的脑损伤,患者可能会出现头疼、脑疲劳、恶心、呕吐、视物模糊、耳鸣、耳聋、难以保持注意力、记忆力下降、情绪化、睡眠困难、易怒等症状。其中,脑疲劳是轻微脑损伤后的常见症状。脑疲劳与身体疲劳不同,它通常与思考性任务有关,因为大脑试图痊愈，恢复正常，所以表现出想要充分休息的疲劳状态。

如果发生了比较严重的脑损伤，患者可能会出现社交、阅读、书写、理解困难，谈话或吞咽时唇舌无力，情绪低落、抑郁或者焦虑等症状。患者的各种感受可能会有所改变，比如变得对噪声和光线敏感，味觉、嗅觉或触觉变化等。除此之外，严重的脑损伤还会给患者带来身体上的不适，比如头疼、睡眠障碍、协调和平衡障碍、单侧身体无力、产生痛觉反应等。非常严重的脑损伤可能会使患者成为植物人。

脑损伤的诊断与黄金救治时间

本条疾病定义中提到，脑损伤的诊断需要做 CT、MRI 或 PET 等影像学检查。这三种影像学检查在第三章"脑中风后遗症（严重和轻度）"中已经有详细的说明，这里就不再重复了。通过检查和诊断，医生能帮患者快速找到脑损伤的部位并估测损伤持续的时间，及时给出合理的治疗方案。

需要提醒大家的是，时间对脑损伤的治疗至关重要。大脑是人身体的"司令部"，它的安危容不得半点迟疑。所以，患者发生脑损伤后，一定要尽快送到医院抢救，这是影响预后恢复的决定性因素。

小脑发生损伤的黄金救治时间是 10～15 分钟，大脑皮质发生损伤的黄金救治时间是 4～6 分钟，脑干发生损伤的黄金救治时间是 30 分钟。

过了 180 天等待期才能理赔

本条疾病定义中也有一个要过 180 天等待期的要求。也就是说，重疾险对严重脑损伤的界定不是看大脑受到了多么严重的伤害，而是看大脑受到伤害 180 天后，是否仍然留有三种功能障碍中的至少一种。这三种功能障碍是指：

（1）一肢（含）以上肢体肌力 2 级（含）以下。

（2）语言能力完全丧失，或严重咀嚼吞咽功能障碍。

（3）自主生活能力完全丧失，无法独立完成六项基本日常生活活动中的三项或三项以上。

关于这三种功能障碍，我们在讲"严重脑中风后遗症的判定标准"时已经解释过，大家可以去回顾一下。

严重脑损伤的理赔要点

理赔时机：发生脑损伤 180 天以后。

核心材料：CT、MRI 或 PET 等影像学检查报告。

理赔依据：脑损伤 180 天以后仍遗留一种及以上神经系统永久性的功能障碍。

特别注意：与患者受了多重的伤、用不用呼吸机、进没进 ICU、花多少钱没有关系。

小贴士

脑损伤的急救步骤

脑损伤一旦发生，很可能危及患者的生命，掌握正确的急救步骤，正确应对突发情况，能为此类患者争取最大的存活机会。

1. 保持呼吸道通畅

保持患者的呼吸道通畅，对促进其恢复和预后有重要的作用，具体的措施包括：使患者平卧，头后仰偏向一侧，防止误吸呕吐物堵塞呼吸道；将双手放在患者两侧下颌角处，托起患者下颌，清除其口腔内的异物，保持其呼吸道的通畅。

2. 控制出血并处理伤口

当患者的头部有严重出血时，须立即进行压迫止血，盖上无菌纱布后包扎。若患者有脑组织脱出，可用无菌碗或者纱布圈保护包扎，确保脱出的脑组织不受压迫。当患者头部有骨折或者异物时，还应当避免重压。此外，不能用布类或棉花堵塞患者的外耳道或鼻腔，以防血液和脑脊液逆流导致颅内感染。

3. 陪送医院

脑损伤的病情有多变、易变、难以预测的特点，因此，须将脑损伤患者尽快送往具备相应检查、手术条件的医院进行诊断。若患者出现呼吸停止的情况，应立即对其进行胸外心脏按压和人工呼吸。

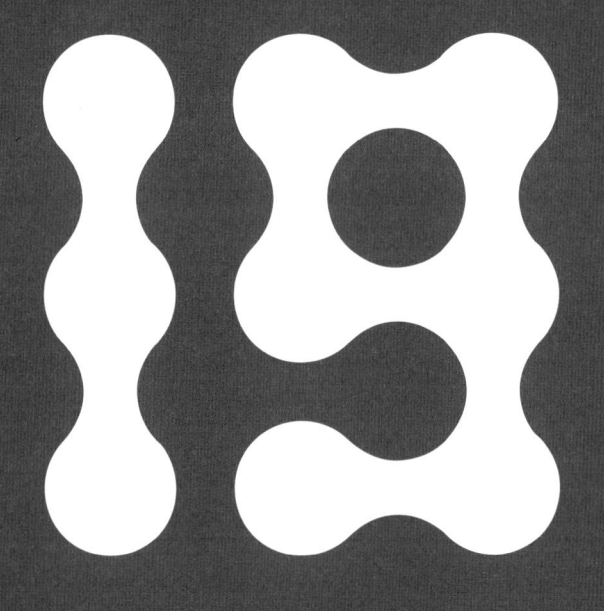

第十九章
严重原发性帕金森病

严重原发性帕金森病

是一种中枢神经系统的退行性疾病,临床表现为运动迟缓、静止性震颤或肌强直等,经相关专科医生确诊,且须满足自主生活能力完全丧失,无法独立完成六项基本日常生活活动中的三项或三项以上。

继发性帕金森综合征、帕金森叠加综合征不在保障范围内。

注:如果保险公司仅承担被保险人在某年龄之前的保障责任,须在疾病定义中特别说明。

认识帕金森病

"帕金森"这个病可能很多人都听说过。最早系统描述这种疾病的是英国医生詹姆斯·帕金森（James Parkinson）博士，因此此病以他的姓氏命名。欧洲帕金森病联合会还将帕金森博士的生日——4月11日，定为"世界帕金森病日"。现如今，帕金森病已经是继肿瘤、心脑血管疾病之后，中老年人健康的"第三大杀手"。数学家陈景润、作家巴金、"拳王"阿里、奥斯卡影后凯瑟琳·赫本等都是这种疾病的患者。虽然帕金森病本身并不致死，但它的很多症状会严重影响患者的正常生活，如果能够早发现、早治疗，可以显著改善患者的生活质量。

帕金森病是一种神经系统发生退行性改变的疾病。它的症状主要表现在四肢，但问题出在大脑，即控制运动神经的部位出了问题，导致身体运动不协调，就像汽车的方向盘发生了故障。

人体运动功能的实现依靠两套并行的系统。一套是运动系统，由骨、骨连结和骨骼肌组成。它们形成了人体的基本形态，并为肌肉提供附着。这套系统就像汽车的发动机，能够保证汽车有充足的动力行驶。另一套是神经系统。人是在神经的支配下，通过肌肉的收缩，牵拉着附着在骨上面的骨骼肌，并以关节为枢纽，产生杠杆运动，使自己走得稳定而准确的。帕金森病就是神经系统出了问题。

运动的神经控制系统要靠一种叫作"多巴胺"的神经递质作为"传令兵"。除了肾上腺髓质会分泌多巴胺，大脑内的黑质细胞也会分泌。当神经细胞发出一个信号时，需要通过长长的"电线"——神经，传导到眼睛、嘴巴以及四肢等。这个过程就是由神经系统里的多巴胺来实现传导的。

随着年龄增长，人的身体会逐渐衰老，神经系统中的多巴胺会越来越少，导致上一个神经细胞发出的指令迟迟传达不到下一个神经细胞，这就是帕金森病的发病原理，它最典型的表现就是多巴胺明显减少或功能丧失（见图 19-1）。

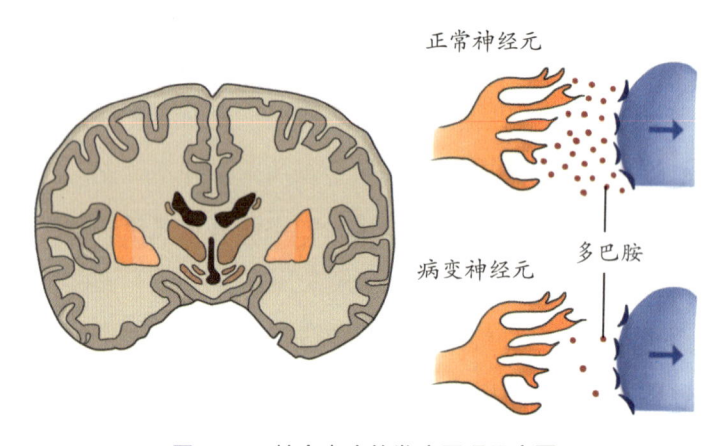

图 19-1　帕金森病的发病原理示意图

帕金森病会表现出一些典型的运动症状，比如静止性震颤、僵直、运动迟缓、姿势步态异常等。静止性震颤是指患者在完全放松且不受重力影响的静止状态下，比如坐着或者躺着的时候，也会出现手抖、脚抖或者头抖的情况。在大脑控制功能良好的时候，我们把手伸出来是非常平稳的。然而帕金森病患者失去了这种控制能力，所以手会颤抖。有的患者甚至在走路时会呈现出姿势前倾、手臂不由自主放于胸前、行走中手臂也不摆动、下肢僵硬甚至膝关节屈曲的情况。

此外，帕金森病还有一些非运动症状，比如认知异常、慌张、睡眠障碍、面具脸（面部肌肉僵硬造成的表情呆板）、双眼凝视和不眨眼等。

所有这些表现，其实都是大脑对周围神经失去控制的结果。

帕金森病与阿尔茨海默病的区别

同为大脑的退行性疾病，帕金森病和阿尔茨海默病有什么区别呢？简单来说，阿尔茨海默病患者的大脑无法分辨事物，脑子是糊涂的，其临床表现以记忆的衰退（逆行性遗忘）为主，患者会逐渐丧失各种生活技能，目前医学上也缺乏控制这种病情的有效办法。帕金森病患者的大脑是清醒的，只是大脑无法控制和指挥手、脚、眼睛等身体各部位的运动。所以，帕金森病是一种让患者非常痛苦的疾病——他们明明知道自己想吃东西，却由于手不停颤抖，无法把食物送到嘴里。不过，帕金森病的影响主要是降低患者的生活质量，可能导致残疾，如果患者可以得到较好的照料，一般不会影响寿命。

帕金森病和阿尔茨海默病都是常见的老年慢性病，不排除有两种疾病同时发生的可能。对这两种疾病，患者要早发现、早治疗。

早期的帕金森病有哪些症状

需要注意的是，帕金森病的早期症状往往不易察觉，大家应警惕三种情况。

1. 长期便秘

这是帕金森病患者较常见的症状之一，属于自主神经功能紊乱导致胃肠道的蠕动缓慢。

2. 嗅觉减退

帕金森病不是单纯的中枢神经系统疾病，致病因素可以从外周神经进入中枢神经系统，进入的途径有两个：一个是呼吸道，因为人要通过鼻腔呼吸，嗅黏膜受累首先表现为嗅觉减退，所以嗅觉减退是帕金森病非常早期的一个表现；另一个是胃肠道，即前面讲到的便秘症状。

3. 快速眼动睡眠期

病情早期，患者在睡眠过程中会大声喊叫、手脚乱动，甚至摔下床。患者是否有快速眼动睡眠期的行为障碍，是判断是否罹患帕金森病的关键。

什么是原发性帕金森病

需要说明的是，帕金森病不等于帕金森综合征。帕金森综合征是临床上神经科医生常用的诊断概念，特指各种原因造成的帕金森样表现，包括原发性帕金森病、继发性帕金森综合征、帕金森叠加综合征等。

原发性帕金森病的具体发病原因及机制不明，可能由多种因素综合作用所致。本条疾病定义只保障原发性帕金森病。

继发性帕金森综合征能够找到症状出现的原因，比如由药物、感染、中毒、脑中风、外伤等明确的病因所致。它有一定类似于帕金森病的症状，但并不是帕金森病，因此不在本条疾病定义的保障范围内。只要患者的病情有所缓解，帕金森病的症状也会随之消失。

那什么是帕金森叠加综合征呢？它的名称里有"帕金森"，说明它也有一定类似于帕金森病的症状，但除此之外，它还有其他神经系统病变特征，比如尿频尿急、严重痴呆、视力模糊等。帕金森叠加综合征本质上也不是帕金森病，同样不在本条疾病定义的保障范围内。

帕金森病的诊断与治疗方法

帕金森病没有特殊的客观检查方式，只能由医生根据患者的表现凭经验做出诊断，因此在本条疾病定义中，理赔条件是被保险人自主生活能力完全丧失，没有规定必须做哪一类检查。

那么，确诊帕金森病之后应该怎么办呢？患者应当在医生的指导下进行药物治疗、手术治疗、康复和运动治疗。虽然帕金森病目前无法完全治愈，但是患者能够依靠各种医疗手段延缓病情。在早期，患者的工作和生活没有受到疾病影响时，可以进行康复和运动治疗。当帕金森病症状比较明显时，患者必须接受药物治疗。到了疾病的中晚期，药物疗效减退，患者可以选择手术治疗、物理治疗等方式，延缓症状发展。年龄在 75 岁以下，无明显认知功能障碍和精神症状的帕金森病患者最适合做手术。不过，手术也只能改善症状，无法根治帕金森病。

严重原发性帕金森病的理赔要点

理赔时机：神经内科医生诊断之后。

理赔依据：证明无法独立完成六项基本日常生活活动中的三项或三项以上。

特别注意：继发性帕金森综合征、帕金森叠加综合征不在保障范围内。

🤲 小贴士

预防帕金森病的注意事项

下面是有效降低帕金森病的患病率及复发率的几个注意事项。

1. 避免中毒

避免或减少接触有毒的化学药品，比如杀虫剂、除草剂、农药等，如果从事相关职业，一定要做好防护措施。

2. 加强体育锻炼

进行适当的体育锻炼，比如打太极拳、练瑜伽等，可减少罹患帕金森病的风险，也可以延缓帕金森病患者的病情进展。除了进行体育锻炼，还应加强脑力活动，保持思维敏捷，延缓神经组织的衰老。

3. 防治老年病

重视对糖尿病、高血压、高脂血症等容易造成脑动脉硬化的疾病的防治，对预防帕金森病有积极的意义。

4. 其他注意事项

关注、了解帕金森病的早期表现，有助于患者尽早发现及控制病情。如果出现了相关症状，患者一定要及时就医。原发性帕金森病由多种因素综合所致，其中环境因素与遗传因素较为常见，有毒化学药品接触者、有帕金森病家族史及基因携带者都是帕金森病的高危人群。因此，这类高危人群应积极参与帕金森病的早期筛查，比如嗅觉测试、CT、脑电图等。

第二十章
严重Ⅲ度烧伤

严重Ⅲ度烧伤

指烧伤程度为Ⅲ度,且Ⅲ度烧伤的面积达到全身体表面积的 20% 或 20% 以上。体表面积根据《中国新九分法》计算。

认识 III 度烧伤

人体的皮肤由外向内可以分成三层：表皮、真皮和皮下组织（见图 20-1）。表皮是皮肤的浅层，它还可以分成基底层、棘层、颗粒层、透明层和角质层；真皮主要由结缔组织构成，位于表皮的下方；最里面的一层是皮下组织，由疏松结缔组织和脂肪组织构成，上接真皮，下和筋膜、肌肉腱膜或骨膜相连。

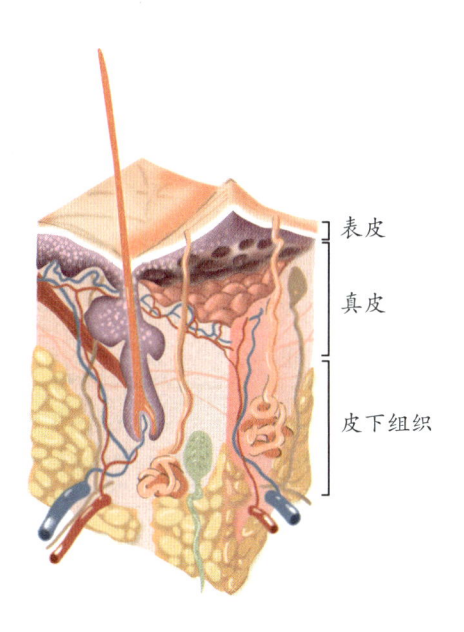

图 20-1　人体皮肤的分层结构示意图

本条疾病定义没有提到烫伤，算是某种疏漏。在临床上，烧伤和烫伤所造成的损害和治疗方法几乎是完全相同的。

在医学上，烧伤的程度由轻到重分为Ⅰ度烧伤、Ⅱ度烧伤和Ⅲ度烧伤。而Ⅱ度烧伤又可以分为浅Ⅱ度烧伤和深Ⅱ度烧伤。

Ⅰ度烧伤仅伤及表皮，会造成局部红肿、干燥，没有水疱，有灼痛感。伤口一般3～5天就会愈合，通常不会留下瘢痕。这是最轻程度的烧伤。

浅Ⅱ度烧伤伤及全层表皮和真皮浅层，会出现大水疱，创面肿胀、发红，几乎要把皮肤烧穿。伤口一般2周左右可以愈合，通常也不会留下瘢痕。

深Ⅱ度烧伤已经伤到了真皮深层，出现的是小水疱，皮肤表面温度比较低，呈现浅红色或红白相间，感觉也会比较迟钝。伤口一般要3～4周才会愈合，而且会留下瘢痕。

Ⅲ度烧伤是把皮肤全部烧穿，一直烧到皮下的脂肪层，甚至烧到肌肉或骨头。皮肤表面会出现焦痂，因为触觉神经在灼烧中损坏，所以皮肤反而没有疼痛的感觉。

由此可见，烧伤的分级实际上是对皮肤受伤程度的判定。如果皮肤只是表面受伤，就是Ⅰ度；如果皮肤受伤但没有烧穿，就是Ⅱ度；皮肤一旦被烧穿，就是Ⅲ度。

在本条疾病定义中，Ⅲ度烧伤是理赔的必要条件。如果患者的表皮已经烧焦了，那么毫无疑问属于Ⅲ度烧伤。需要注意的是，如果烧伤程度很轻，哪怕烧伤面积非常大，也无法按照本条疾病定义申请理赔。

治疗Ⅲ度烧伤有一种非常普遍的方法，就是植皮手术。因为这种程度的烧伤，会把皮肤烧穿，无法再自我更新恢复，只能把身体其他部位的健康皮肤移植过来。Ⅰ度、Ⅱ度烧伤的皮肤还可以自己再生长修复，不需要植皮，只要等待它慢慢长好就行了。

临床上成人烧伤程度的判定标准

目前，国际上对烧伤严重程度的判定没有统一标准，国内临床上多采用的是 1970 年全国烧伤会议讨论通过的分类方法。不过要特别注意的是，该分类中的严重烧伤和本条疾病定义的严重烧伤标准是不一样的。

> 临床上成人烧伤程度的判定标准：
> （1）轻度烧伤：全身体表面积的 10% 以下的Ⅱ度烧伤。
> （2）中度烧伤：全身体表面积 11%～30% 的Ⅱ度烧伤，或Ⅲ度烧伤面积在 10% 以下。
> （3）重度烧伤：全身体表面积 31%～50% 的Ⅱ度烧伤，或Ⅲ度烧伤面积在 11%～20%，抑或总面积不超过 31%，但全身情况较重或已发生休克、呼吸道烧伤或严重的复合伤。
> （4）特重烧伤：全身体表面积的 51% 以上的Ⅱ度烧伤，或Ⅲ度烧伤总面积在 21% 以上。

本条疾病定义要求Ⅲ度烧伤面积要达到全身体表面积的 20% 及以上才能理赔，这在临床上已接近特重烧伤了（指成人）。

烧伤面积如何计算

中国新九分法是我国成人烧伤面积估算的一种方法。它把人体的表面分成了四大部位，每个部位进一步细分成数个小部位，加起来一共是 13 个部位。下面是烧伤部位分类面积计算表（见表 20-1）。

表 20-1 烧伤部位分类面积计算表

部位		占成人体表（%）	占儿童体表（%）
头部	发部 面部 颈部	3 3　9 3	9+（12- 年龄）
双上肢	双上臂（每侧 3.5%） 双前臂（每侧 3%） 双手（每侧 2.5%）	7 6　9×2 5	9×2
躯干	躯干前 躯干后 会阴	13 13　9×3 1	27
双下肢	双臀（每侧 2.5%） 双大腿（每侧 10.5%） 双小腿（每侧 6.5%） 双足（每侧 3.5%）	5 21 13　9×5+1 7	9×5+1-（12- 年龄）
全身合计		100	100（11×9+1）

注：成年女性的双臀和双足各占 6%。

下面是人体表面不同烧伤部位的面积区划（见图 20-1）。

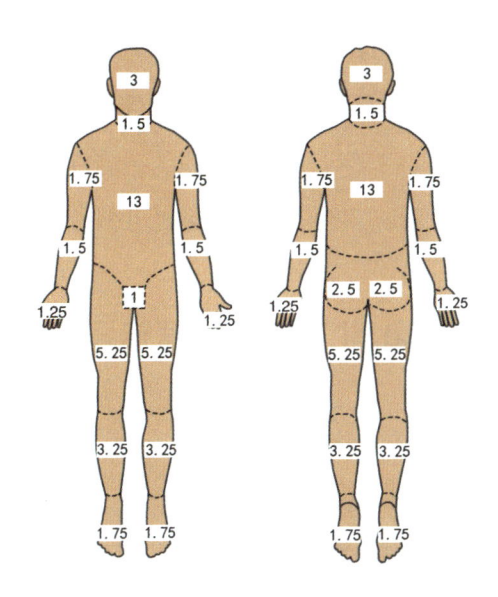

图 20-2　人体表面不同烧伤部位的面积区划

头部分为有毛发覆盖的发部、无毛发覆盖的面部、颈部，各占 3%，加起来是 9%，这就是中国新九分法中的第一个"九"。也就是说，如果患者只有整个头部（包括颈部）被烧伤，烧伤面积算 9%，达不到 20%。

双上肢指两个上臂、两个前臂、两只手，分别占比 7%、6%、5%，加起来一共是 18%，这是中国新九分法中的第二个和第三个"九"。如果患者头部和双上肢全部烧伤，那么烧伤面积累计达到 27%，就符合本条疾病定义的理赔要求了。

我们只要简单了解中国新九分法的面积区划即可。当一个人烧伤时，计算烧伤面积的是医院里的专科医生，理赔时患者以医院的诊断证明为准就行。

虽然Ⅲ度烧伤的确很严重，它完全损毁了皮肤的真皮层，造成皮肤功能发生不可逆的丧失，但是只有当Ⅲ度烧伤的面积占全身体表面积的 20% 或 20% 以上时，患者才会因为皮肤功能损伤影响工作能力，导致失能。在医院里经常可以看到这样的画面——Ⅱ度烧伤的患者天天疼得又哭又叫，Ⅲ度烧伤的患者往往感觉不到疼。所以，对于烧伤患者来讲，疼可怕，不疼更可怕。

严重 Ⅲ 度烧伤的理赔要点

理赔时机：诊断为Ⅲ度烧伤以后。

核心材料：医院的诊断证明。

理赔依据：根据中国新九分法，烧伤面积要占全身体表面积的 20% 或 20% 以上。

特别注意：保险从业人员要尽可能帮助客户在住院期间得到理赔款。

小贴士

烧烫伤应急处理五步法

烧烫伤是我们日常生活中比较常见的意外伤害，但是有些人可能对于如何紧急处理伤口并不清楚，甚至存在一些误区。下面我们介绍一下烧烫伤的正确处理方法。

1. 冲

   用冷水冲洗伤口半小时以上，带走创面的热量，减轻创面的伤害程度和疼痛感。

2. 脱

冲完水以后才能把创面上的衣服剪开，尽可能保持皮肤的完整性。

3. 泡

把烧伤的肢体泡在冷水里半小时以上，可以减轻创面的疼痛感和创面的深度。

4. 盖

将干净的毛巾覆盖在创面上，预防患处有表皮脱落造成感染。

5. 送

尽快到医院就诊。

烧烫伤和别的疾病不一样，治疗的黄金时间就在创伤发生后的瞬间，因此，迅速用冷水冲洗是非常重要的。

第二十一章

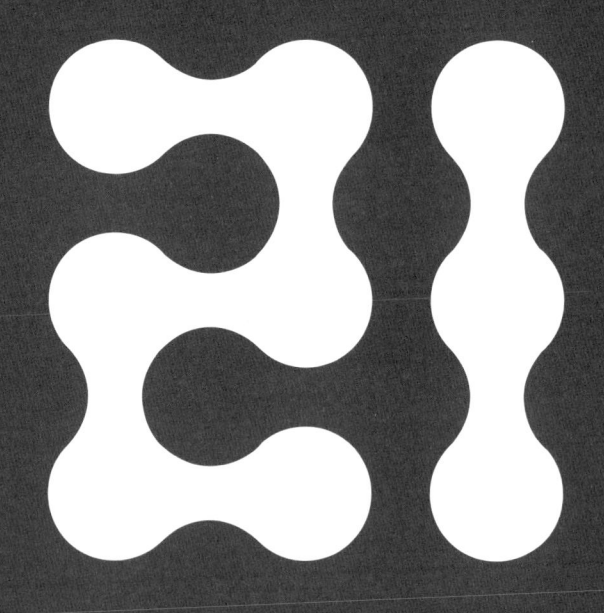

严重特发性肺动脉高压

严重特发性肺动脉高压

指不明原因的肺动脉压力持续性增高，进行性发展而导致的慢性疾病，已经造成永久不可逆性的体力活动能力受限，达到美国纽约心脏病学会（New York Heart Association，NYHA）心功能状态分级 IV 级，且静息状态下肺动脉平均压在 36mmHg（含）以上。

第二十一章　严重特发性肺动脉高压

如何理解特发性

在了解这个疾病之前，我们先来说说医学上的"特发性"指的是什么。这个词和我们在第十九章"严重原发性帕金森病"中提到的"原发性"差不多，都是指按照现在的医学水平，医生用尽所有检查手段也找不出病症产生的原因。与之相对的是"继发性"，指当前医学科学已经能够明确的病因。

肺动脉高压这类病症，特发性的情况大概占 26%，所以即使有肺动脉高压症状的患者，其病情也不一定符合本条疾病定义的理赔要求。由于特发性肺动脉高压的具体病因不明确，其病情只能控制，无法治愈，所以重疾险才将它作为重度疾病予以赔付。继发性肺动脉高压是可以找到病因，并根据病因采取相应治疗手段的，如果要理赔，需要先看这个病因是否符合重大疾病的定义，再进一步判断是否符合条款要求。

认识特发性肺动脉高压

了解了特发性的含义，我们再来说说"肺动脉高压"。

我们知道，心脏像泵一样给全身供应血液，血液中含有每个细胞必需的氧气，而氧气就来自肺，所以肺是特别重要的人体器官之一，承担着从外界吸收氧气、把体内的废气排出的重要功能。人体的血液循环分为两部分：一部分叫作体循环，就是携带氧气的血液由心脏送到全身；另一部分叫作肺循环，由心脏把携带废气的血液送到肺里交换氧气（见图 21-1）。如果肺循环出现问题，那么人体必需的氧气就会不够用。肺动脉是连接右心室与肺的血管，其作用是把富含二氧化碳的静脉血运送到肺部，使其在肺部毛细血管中进行氧交换。如果肺动脉出了问题，比如出现肺动脉高压，就会严重影响肺循环。

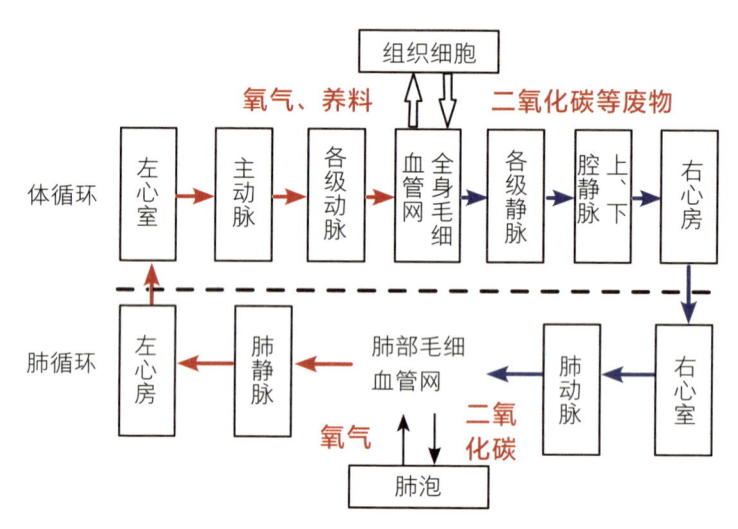

图 21-1 体循环和肺循环的关系示意图

为了更好地理解肺动脉高压，我们可以想象有一只长颈鹿，它的身体代表心脏，脑袋代表肺，脖子代表肺动脉。正常人的肺动脉是很通畅的，所以长颈鹿的脖子舒展自如，很舒服。而肺动脉高压患者，特别是特发性肺动脉高压患者的肺循环出了问题，就像长颈鹿被卡住了脖子，导致心脏和肺被隔开了。此时，心脏得拼命努力工作，才能把血液通过被卡住的"脖子"送到肺里，这就需要非常高的压力，最终导致心脏被累坏。

根据超声心动图检测，肺动脉高压的分级如下（见表21-1）。

表21-1 肺动脉高压的分级

肺动脉高压分级	肺动脉平均压（mmHg）	肺动脉收缩压（mmHg）
轻度肺动脉高压	25～36	37～40
中度肺动脉高压	37～45	41～70
重度肺动脉高压	＞45	＞70

肺动脉的压力越大，临床症状就越严重。患者大多表现为呼吸困难、易疲乏、运动时晕厥、心绞痛、声音嘶哑及右心功能不全等。

特发性肺动脉高压的分期

特发性肺动脉高压是一种进行性发展的慢性疾病，分为超早期、临床前期、临床期、晚期、终末期五个阶段。

超早期患者几乎没有明显症状，可能仅会觉得身体比较弱，经常生病，精神不好，精力不足。如果能在超早期就发现肺动脉高压这个问题，服用药物就可以控制病情。不过，这个阶段的很多患者会误以为自己是因为缺乏锻炼才这么虚弱的，不会想到背后的原因是肺动脉高压。

如果肺动脉高压没有被察觉，发展到了临床前期，患者肺里面的压力就会开始逐渐升高，血管开始逐渐收缩。临床前期的患者也没有明显感觉或症状，可能在大量活动时会有些不舒服，觉得气短。

如果这时候发现病情，可以用更多的药物及时控制，患者几乎可以像正常人一样生活。

若是在临床前期没有注意，使得病情继续向前发展，到临床期的时候，患者做中度的体力活动就会觉得不舒服，快走两步就会上气不接下气，更别提跑步了。这一阶段的患者需要住院治疗。此时患者的心功能状态相当于美国纽约心脏病学会（NYHA）心功能状态分级的Ⅲ级。

病情发展到晚期的时候，患者做轻微的体力活动就会感到呼吸困难，躺在床上一动不动都可能觉得心脏供血不足，喘不上来气。此时心脏已经没有力气了，患者的心功能状态相当于NYHA心功能状态分级的Ⅳ级。到了这个阶段，患者需要长期住院治疗，而且随时可能需要抢救，离不开医院和医生。

到终末期的时候，心脏已经没有力气把血液送出去了，患者想要活下来，只能同时更换心和肺，这在医学上叫作"心肺联合移植"，费用大概是几百万元。不过就算患者和家属愿意花这个钱，也未必能做这个手术。一方面是因为供体很难寻找，另一方面是因为手术的难度极高——"心肺联合移植"被称为移植界的"珠穆朗玛峰"。

特发性肺动脉高压和许多心脑血管疾病一样，越早发现和治疗，治疗费用越少，治疗效果越好，患者寿命越长。如果疾病的治疗被耽误，哪怕散尽万贯家财，患者也不见得能活下来。

如何诊断肺动脉高压

肺动脉高压的诊断其实并不复杂，做一个B超检查就可以初步判断是不是存在肺动脉高压的情况；但是要确诊，必须用到"心脏漂浮导管"（见图 21-2）。

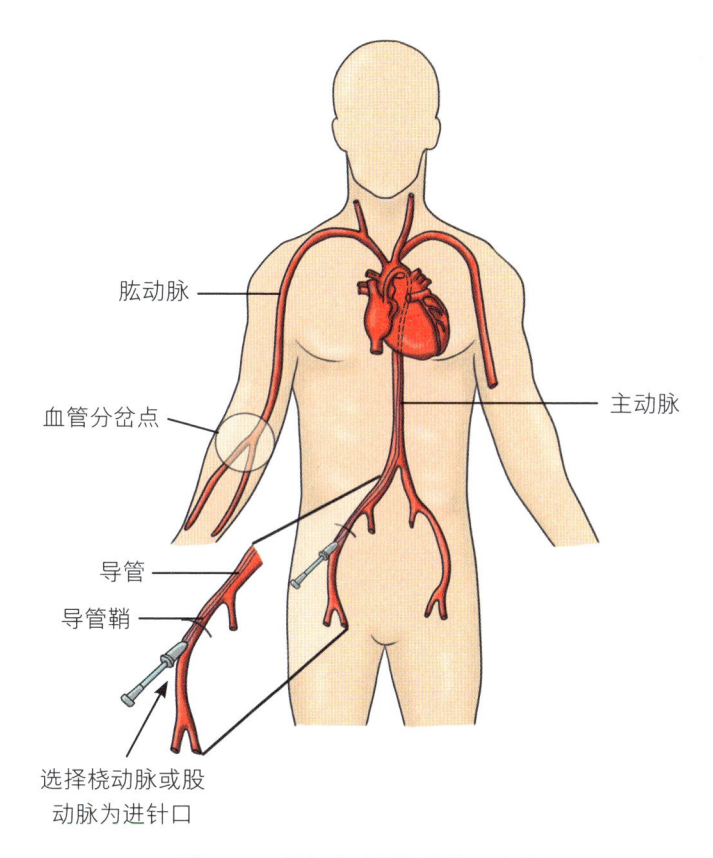

图 21-2　置入心脏漂浮导管示意图

随着医疗技术的发展，这种导管被广泛使用，比如做支架手术、主动脉瘤介入治疗、心脏瓣膜置换等。医生可以选择桡动脉或股动脉为进针口，把导管一直插到患者心脏肺动脉前面，然后通过外面的连接口测量肺动脉压力。置入心脏漂浮导管对医院和医生的要求比较高，所以对于想要诊断肺动脉高压的患者，建议选择医疗条件比较好的医院。

严重特发性肺动脉高压的理赔条件

理赔严重特发性肺动脉高压，患者须满足以下三个条件：

第一，已经造成永久不可逆性的体力活动能力受限。"永久不可逆"是指患者经过现有医疗手段 180 天的积极治疗以后，仍无法恢复。很多的理赔纠纷都是因为患者确诊以后还没持续 180 天的时间，就来申请理赔，所以按照条款保险公司是不能赔付的。

第二，心功能状态分级达到Ⅳ级。NYHA 将心功能状态分为四级：Ⅰ级指体力活动不受限制，日常活动不引起乏力、心悸、呼吸困难或者心绞痛等症状，就是正常人的心功能；Ⅱ级指体力活动轻度受限，休息时没有症状，一般的体力活动就会引起呼吸困难、乏力、胸痛或晕厥，患者快走还可以，跑步就不行了，因为心脏力量不够；Ⅲ级指体力活动明显受限，休息时无症状，但是日常的活动即可引起上述症状，走路也很难坚持；Ⅳ级指不能从事任何体力活动，休息时亦有症状，体力活动后症状加剧。本条疾病定义要求患者的心功能状态达到Ⅳ级，也就是最严重的一级。

第三，静息状态下肺动脉平均压不低于 36mmHg。旧规范中的"严重原发性肺动脉高压"疾病定义要求"静息状态下肺动脉平均压超过 30mmHg"。保险公司在理赔实务中发现，很多患者的肺动脉平均压达到了 30mmHg，但生活是可以自理的。根据肺动脉高压分级的标准，静息状态下肺动脉平均压 30mmHg 只是轻度状态，很少会导致患者生活不能自理。所以，新规范要求患者在静息状态下肺动脉平均压不低于 36mmHg，也就是达到中度肺动脉高压的状态才符合理赔条件。

从数值上来看，新规范对这种疾病的理赔条件似乎是变严格了，但是我们仔细分析会发现其实变化不大。因为旧规范也要求病情达到 NYHA 心功能状态分级 Ⅳ 级，而肺动脉平均压在达到 30mmHg 的情况下，心功能状态通常是不会达到 Ⅳ 级的，同样达不到理赔要求，所以这个数值的调整对理赔几乎没有影响。

由于特发性肺动脉高压是一种进行性发展的慢性疾病，不会一夜之间就达到理赔重度疾病的程度，所以患者一定要重视疾病的早期诊断和治疗。其实，肺动脉高压的病情发展进程是很容易得到良好控制的；但如果任由病情发展，等到状态比较严重了才去医治，那么患者可能需要付出非常多的精力和金钱，才有可能活下来。

重疾保险金能够给治疗以希望

你可能想不到，缓解肺动脉高压最常用的药物是西地那非。服用此药后，患者的症状会明显减轻。

随着科技的进步，越来越多治疗肺动脉高压的药物被研发出来，使用最新的靶向药一个月要花费 2 万元左右。

一盒西地那非，便宜的要三五十元，贵的则要一百多元。对一些人来讲，即使只吃这种药缓解病情，也是一笔不小的负担。

因此，如果患者有足够的重疾险保额，就有机会得到更好的治疗，让生命得以延续，并提高生活质量。

严重特发性肺动脉高压的理赔要点

理赔时机：确诊 180 天后。

核心材料：特发性肺动脉高压病历和肺动脉平均压检测报告。

理赔依据：已经造成永久不可逆性的体力活动能力受限；心功能状态的分级达到 Ⅳ 级；静息状态下肺动脉平均压不低于 36mmHg。

特别注意：继发性肺动脉高压不在保障范围内。

小贴士

肺动脉高压常见的症状

肺动脉高压，特别是特发性肺动脉高压的发病原因目前在医学上还没有明确，所以很难预防。我们能做的就是尽早发现肺动脉高压的症状，然后积极治疗，避免病情加重。如果患者出现以下症状，就要警惕是不是存在肺动脉高压了。

1. 呼吸困难

   这是肺动脉高压最常见的症状，患者表现为活动后呼吸急促，严重者在休息时也会出现呼吸困难。

2. 乏力、慢性疲劳

   患者表现为全身乏力，精神状态也比较差。

3. 声音嘶哑与咳嗽

   患者表现为声调变低、变粗、变哑，甚至失声，还会出现经常性的干咳，少痰且痰中会带有血丝，或者有咯血的表现，这是肺部的毛细血管前微血管瘤破裂所致。

4. 心悸或胸痛

患者表现为心慌，总感觉心脏在乱跳；活动后出现胸痛的感觉，而且疼痛性质和程度不固定。这些表现通常都与右心室肥厚、冠状动脉灌流减少、心肌相对供血不足有关。

5. 晕厥

病情严重时患者可能出现突然晕倒的情况，这是心排血量下降导致脑组织供血不足引起的。

6. 慢性心力衰竭

患者表现为进食后感觉腹胀，食欲下降；双下肢水肿；部分患者因为肠道水肿可能有腹泻的症状；还可能出现肝脏水肿，甚至肝硬化，导致右上腹疼痛或者闷胀感。

第二十二章

严重运动神经元病

严重运动神经元病

是一组中枢神经系统运动神经元的进行性变性疾病,包括进行性脊肌萎缩症、进行性延髓麻痹症、原发性侧索硬化症、肌萎缩性侧索硬化症,经相关专科医生确诊,且须满足下列至少一项条件:

(1)严重咀嚼吞咽功能障碍;
(2)呼吸肌麻痹导致严重呼吸困难,且已经持续使用呼吸机7天(含)以上;
(3)自主生活能力完全丧失,无法独立完成六项基本日常生活活动中的三项或三项以上。

注:如果保险公司仅承担被保险人在某年龄之前的保障责任,须在疾病定义中特别说明。

运动神经元病是什么

我们先来了解一下什么是"运动神经元"。运动神经是指挥人体运动的神经,我们可以把运动神经元理解成神经细胞里的"大将"。实际上,运动神经元通常就是指我们的脑(包括大脑、小脑、脑干)和脊髓。它又分为上运动神经元和下运动神经元。

如果在人体的颅骨下方画一条水平线,这条线以上的大脑、小脑和脑干就是上运动神经元,以下的脊髓就是下运动神经元。

运动神经元病包括上运动神经元病、下运动神经元病和上下混合型运动神经元病(见表 22-1)。上运动神经元病主要是原发性侧索硬化症,下运动神经元病主要是进行性脊肌萎缩症和进行性延髓麻痹症,上下混合型运动神经元病主要是肌萎缩性侧索硬化症。

表 22-1 运动神经元病

运动神经元病	分类
原发性侧索硬化症(PLS)	上运动神经元病
进行性脊肌萎缩症(SMA)	下运动神经元病
进行性延髓麻痹症(PBP)	下运动神经元病
肌萎缩性侧索硬化症(ALS)	上下混合型运动神经元病

表22-1所示的四种病是根据运动神经元出现问题的不同部位来命名的，都会表现为患者身体逐渐僵直固化。

之前的章节已经讲过，人体的运动需要神经中枢、外周的传出神经和肢体肌肉通力合作才能完成。运动神经元病就是和运动相关的一系列神经细胞发生病变，尽管肌肉、骨骼都是完好的，身体却动不了。不过，这种病损伤的只是和运动有关系的神经，患者的大脑还是完全清醒的，可以思考问题。

残酷的运动神经元病——渐冻症

肌萎缩性侧索硬化症，又名"渐冻症"。著名的英国物理学家霍金患的就是这种病，到了疾病晚期，他全身上下唯一能动的只有眼睛下面一小块肌肉，这是一件多么可怕的事情！得了渐冻症的患者，其身体就像慢慢被冰冻住了一样，最终全身每一块肌肉都不能再动。这种病会给患者带来非常大的痛苦。

渐冻症是一种神经内科罕见病。中华医学会神经病学分会公布，渐冻症在我国的发病率大约是每年3/10万，也就是平均每年在10万人中有2～3人不幸罹患。作为一种神经系统慢性致死性变性疾病，该病目前无法治愈，确切病因尚不清楚。据统计，渐冻症患者有50%会在3年内死亡，90%存活不超过5年。

美国报告的渐冻症发病率（每年新发病例）为每10万人中2～4例，患病率为每10万人中4～6例。渐冻症有家族性和散发性两种类型。家族性渐冻症患者占比5%～10%，多为常染色体显性遗传，男女发病率相当，平均发病年龄为49岁。散发性渐冻症多见于男性，男女比例为1.5∶1～2∶1，平均发病年龄为

55 岁，20 ~ 30 岁发病的患者约占 5%。

少数渐冻症患者的咽喉部神经元最先受损，一开始就不能吞咽和正常讲话；但多数渐冻症患者是从肢体起病的，最初手臂或腿部感到无力。中华医学会神经病学分会的研究数据显示，我国 80% 的渐冻症患者是后面这种情况，在国外这个比例是 75%。虽然渐冻症的发展恶化速度很快，但是从发病到确诊需要相当长的时间。我国渐冻症平均确诊时间为 14 个月，美国为 14 ~ 17.8 个月，日本为 11.6 个月。

随着越来越多的人知道渐冻症这种罕见病，了解与其相关的知识有助于我们在生活中及早发现异常，若能在早期进行治疗和干预，可以大大延长患者的寿命。

渐冻症发病的过程

渐冻症发病的先兆是患者四肢变得容易疲惫，没有东西绊脚也会摔倒，或者原本能轻松拧开的饮料瓶盖却拧不开。短短几个月后，情况就会变得更糟，除了手臂和腿，患者身体其他部位的肌肉也开始感到无力，一些不常使用的肌肉永久萎缩，肘部关节再也不能完全伸直。很快，患者挂着拐杖也不能行走了，不得不借助轮椅。患者的身体基本不能扭动，脸部肌群不受控制，吞咽和咀嚼食物时稍不小心就会造成窒息。患者能吃的食物越来越软，从软食、半流食到流食，说话也会口齿不清，甚至呼吸都变得困难，听到欢快悦耳的音乐无法跟着哼唱，还会不受控地哭泣。然而，患者并没有失智，他们能清晰地感受到自己每一块肌肉从有力到无力的过程，发现自己逐渐丧失自理能力，无法再自己刷牙、洗澡、穿衣……他们还真切感知着疼痛。

疼痛是渐冻症患者一定会经历的。神经损伤通常都会引起疼痛，比如痉挛和肌肉无力会引起颈部、背部、肩部的伤害性疼痛。但是，患者最大的痛苦可能不是生理上的，因为他们不是植物人，他们依然有感情、有意识，却无法做到正常人能做的事，连走路或交谈都成了一种奢望。在渐冻症晚期，患者进食和饮水只能借助喂食管，呼吸则要靠呼吸机。

为了保住患者的生命，很多家属会让医生给他们做气管切开手术，把原本从口鼻建立的呼吸道改从颈部建立，这样患者不用一直插管，可以通过更短的通道呼吸与排痰。

渐冻症患者虽然无法让外界听到他们的声音，但还有思想，还有跟他人交流的渴望。霍金是通过敲打手持式点击器，用声音合成工具搭配电脑，让文字变成特制的电脑合成音与他人进行交流的。

随着病情进一步恶化，渐冻症患者的随意肌也会瘫痪，无法再让意志控制它们迅速收缩，整个身体几乎完全被"冻"住，除了眨眼基本动弹不得。我这么说你可能更好理解：一只蚊子进入房间，渐冻症患者能看到，也能听到扰人的嗡嗡声，甚至感觉到它就在耳边要咬自己一口，却无法把它赶走。尽管他依然有高级思维的能力，却发不出声音也不能动，对这小小的困扰无能为力。

发病 3~5 年后，大多数渐冻症患者全身肌肉都不能动了，因为不能自己呼吸，所以一不小心就会因为呼吸衰竭而死亡。他们甚至连水也不能喝，一口小小的痰液无法排出，就会导致肺部感染。在身体完全不能自主控制的情况下，只要出一点儿问题他们就会离开人世。

严重运动神经元病的理赔条件

第一,患者要出现运动能力逐渐下降的症状,之后需要做肌肉活检,就是把肌肉切下一小块,看一看里面的运动神经元细胞是不是出现了大量坏死的情况;如果是,那基本上就可以确诊为运动神经元病了。这一步检查容易发生误诊,所以很多患者是因为没有好的医疗条件导致运动神经元病拖到非常严重的阶段才被发现,到那时,治疗已经没有多大意义了。

第二,运动神经元病是进行性发展的。初期患者会突然出现肌肉无力的情况,进入工作困难期,生活虽然能自理,但没法再继续工作了;当病情发展到日常生活困难期,意味着患者在生活中也无法自理了;再往后,就发展到咀嚼吞咽困难期,此时患者连吃饭的力气也基本没有了,只能吃流食;最终发展到呼吸困难期,负责呼吸的肌肉也已经麻痹,患者只能依靠呼吸机生存。

在旧规范中,运动神经元病患者想要理赔,只有一个条件,就是无法独立完成六项基本日常生活活动的三项或三项以上。这样规定是失之偏颇的。在临床病例中,有的人一发病就从肢体开始,很快生活便不能自理了,满足了疾病定义的要求。可是有的患者是从呼吸肌麻痹开始发病的,但因为四肢肌肉暂时没有受到影响,基本日常生活活动还能自己完成,尽管无法再参与工作,却得不到重疾险的理赔。因此,新规范规定,运动神经元病患者出现严重咀嚼吞咽功能障碍或呼吸肌麻痹达到一定程度也可以理赔,这是非常好的优化。

渐冻症、帕金森病和阿尔茨海默病的区别

对普通人来说，很容易混淆这三种疾病，应该如何区分呢？

渐冻症、帕金森病、阿尔茨海默病确实都属于神经系统退行性疾病，被侵害的是无法再生的中枢神经系统，而且过程都是不可逆、持续进展的。也就是说，患上神经系统退行性疾病，不仅无法治愈，病情还会随着时间推移越发严重。损害的中枢神经可能导致运动障碍以及思维、记忆、情感上的非运动障碍。

渐冻症患者主要的受损部位是脊髓内的运动神经元，最开始的症状是肌肉无力和萎缩，患者会逐渐成为无法动弹的"石头人"，甚至连发音、呼吸都变得困难。确诊该病后，患者的平均寿命仅有13个月。为了提升社会对这种可怕疾病的了解和关注，"渐冻人"协会国际联盟在2000年国际病友大会上把每年的6月21日定为"世界渐冻人日"。

帕金森病是多巴胺这种大脑的"传令兵"衰减所致。患者的大脑是完全清醒的，但无法指挥控制身体多个部位，导致了运动障碍。帕金森病患者的病情进展情况与渐冻症不同，寿命也不同，预后可以存活几年到几十年不等。

阿尔茨海默病的病变部位主要在大脑皮质，其症状以记忆衰退为主。患者的脑子会越来越糊涂，不能分辨事物，逐渐遗忘各种生活技能而丧失自理能力，但一般没有肢体运动障碍。虽然阿尔茨海默病是一种绝症，但它本身不会致死。对于患者来讲，最危险的是脱离家庭走失，或者因为照顾不周、长期卧床导致其他疾病发生。

对于这三种疾病的症状，我们简单做个总结（见表22-2）。

表 22-2 渐冻症、帕金森病和阿尔茨海默病的症状总结

疾病种类	症状
渐冻症	发病年龄较早，患者的精神不受影响，但预后比较差
帕金森病	初发时以四肢的颤抖为主，运动障碍加重的同时还会带来精神问题
阿尔茨海默病	较为常见，主要累及患者的记忆和思维，而肢体运动一般不会出现问题

虽然现在医学界还无法明确神经系统退行性疾病的发病原因，尚未找到治愈这些疾病的方法，但是如果能做到早发现、早干预、早治疗，患者就有很大机会延缓病情恶化的速度，提高生活质量。

渐冻症患者的福音

虽然渐冻症这种罕见病是世界五大绝症之一，但是患者也不必太悲观，通过药物治疗、呼吸支持治疗等手段，加上日常护理得当，还是可以在一定程度上延缓病情发展的。目前，国际上广泛认可的渐冻症治疗药物是利鲁唑片，患者须尽早使用。此外，科学家们正在尝试将神经营养因子、抗氧化剂与利鲁唑联合应用，对患者进行保护性治疗，但治疗效果还有待临床上的进一步验证。

除了药物治疗，2020 年 1 月 16 日，浙江大学对外宣布"双脑计划"取得了重要科研成果。该校"脑机接口"团队与浙江大学医学院附属第二医院神经外科合作完成了国内第一例侵入式脑机接口临床研究。利用脑机接口技术，患者可以在大脑和假肢等外部设备之间建立一条直接传输大脑指令的通道，脑电信号经采集、传输、记录、解码，能做到流畅准确地指挥外部机械臂和机械手运动。

这项研究成果有助于重建肢体瘫痪患者的运动功能，提高其生活质量，也会对失能者功能重建、老年人功能增强等更多领域产生积极影响。①

医学在技术方面做出的多项创新和突破，为更多渐冻症患者及其家属带来了曙光。如果霍金能够活到现在，或许他可以尝试更多和外界交流的方法，甚至有机会从轮椅上站起来，去享受一下以前根本不敢想象的正常生活。

严重运动神经元病的理赔要点

理赔时机：满足疾病定义的要求之后。
核心材料：相关病例及诊断证明。
理赔依据：三项条件满足至少一项。
特别注意：三种神经系统退行性疾病不要混淆。

小贴士

渐冻症的三种早期征兆

渐冻症的发病原因还不清楚，也很难预防，患者能做的就是尽早发现疾病的存在，然后积极控制，避免病情加重。生活中如果出现以下三种征兆，患者就要警惕是不是患有渐冻症，需要立刻到医院就诊。

---

① 曾福泉，郑文，吴雅兰，等.浙大完成中国首例植入式脑机接口运动功能重建研究，七旬老人意念"玩转"机械手[N].浙江日报，2020-01-17（7）.

1. 逐渐加重的肢体无力症状

比如，患者扣衣服扣子、写字或把钥匙插入锁孔中变得困难。如果是腿部病型的患者，在走路或者跑步的时候会出现跌倒或者绊倒的情况，而且此类患者在走路时会明显地拖腿而行。

2. 进食和讲话困难

由于舌头的肌肉萎缩，患者会出现说话不清楚、吞咽困难、咀嚼食物没有力气或者咬不动食物等情况，容易发生呛咳。

3. 呼吸困难

由于用来呼吸的肌肉受到影响，所以患者在呼吸的时候会感到非常费力，即使在休息的状态下，患者也会觉得呼吸困难。

第二十三章
语言能力丧失

语言能力丧失

指因疾病或意外伤害导致语言能力完全丧失,经过积极治疗至少 12 个月(声带完全切除不受此时间限制),仍无法通过现有医疗手段恢复。

精神心理因素所致的语言能力丧失不在保障范围内。

注:如果保险公司仅承担被保险人在某年龄之后的保障责任,须在疾病定义中特别说明。

哪些情况会导致语言能力丧失

语言中枢控制着人的思维和意识等高级活动，并进行语言表达。语言中枢包括听觉性语言中枢、运动性语言中枢、视觉性语言中枢和书写性语言中枢四部分。听觉性语言中枢负责听别人说话，运动性语言中枢负责说话，视觉性语言中枢负责阅读，书写性语言中枢负责书写。

这些语言中枢之间有着密切的功能联系，如果语言中枢及其传出通路受到损伤，必然会导致语言功能障碍。当脑部病变正好发生在运动性语言中枢时，即便人的发声器官没有问题，也会失去语言能力。我们在前文提到的脑梗死、脑出血、脑肿瘤、脑膜炎、阿尔茨海默病等，都有可能导致语言能力完全丧失。

当然，发声相关器官外伤也会导致语言功能障碍，比如喉部损伤、呼吸道灼伤等。

此外，先天性的耳聋会使儿童错过学说话的最佳时期，导致语言功能障碍，但这种先天原因造成的病症不在重疾险的保障范围内。

语言能力丧失的分类及临床表现

重疾险保障的是因疾病或意外伤害导致的语言能力完全丧失。

下面是语言能力丧失的分类及临床表现（见表 23-1）。

表 23-1 语言能力丧失的分类及临床表现

分类	临床表现
运动性失语	口语表达障碍突出，听力理解相对较好，伴有复述、命名、书写障碍
感觉性失语	听力理解障碍突出，发音清晰，语调正确，但答非所问
混合性失语	感觉性失语和运动性失语同时存在，朗读和书写完全不可能，听不懂他人意思，也无法用语言表达自己的意思，轻度患者给人以精神失常的错觉
传导性失语	复述障碍明显，语言理解能力相对较好
命名性失语	物体命名困难，字面错误或语义错误
丘脑性失语	能简单回答问题、叙述病史，复述正常或轻度障碍，有明显的命名障碍，语义性错误比较多，对颜色命名较好，名词、动词、短语听力理解比较好，但执行口头指令比较差
完全性失语	语言功能各个方面受到严重损害，无任何语言能力，理解力丧失

以上这七种失语就是因疾病或意外伤害引起的语言中枢的损伤、喉返神经的损伤、声带的损伤的症状。它们都属于失语症的范畴，不管是哪种损伤，也不论失语的原因，只要达到完全失语的标准就可以理赔。

语言能力丧失的诊断及理赔条件

对于语言能力丧失的诊断，医生通常要先了解患者的病史，再给出具体的检查建议。比如，既往有高血压病史，可能引起脑中风导致失语；既往有甲状腺手术病史，可能因喉返神经的损伤导致失语；既往有声带疾病也可能导致失语。不同的疾病需要选择不同的检查方式，比如 CT、MRI、脑脊液检查以及各种特异性检查等。

本书第三章"脑中风后遗症（严重和轻度）"中详细讲过两种语言能力丧失的情形。一种是无法发音，即无法发出四种语音中的三种，这四种语音分别是口唇音、齿舌音、口盖音、喉头音。另一种是因声带全部切除或因大脑语言中枢受伤害而患失语症。大脑语言中枢受损的患者，其发声器官是好的，四种语音都能发出，但要么完全听不懂别人的语言，大脑无法处理别人的语言信号；要么可以听懂别人说话，自己却说不出来。

本条疾病定义要求语言能力完全丧失要持续 12 个月，也就是一年以上才可以向保险公司申请理赔。实务中的很多理赔纠纷，都是等待时间过长引起的。那么，疾病定义为什么要求患者必须积极治疗至少一年才能申请理赔呢？这是为了防止癔症导致的临时性失语被误诊为语言能力完全丧失。疾病定义中特别提到"精神心理因素所致的语言能力丧失不在保障范围内"，就是针对这一类情况。

精神心理因素会导致患者出现癔症。癔症在医学上又叫歇斯底里症，是一种较为常见的精神疾病。这种疾病的患者普遍具有夸张的表演偏好，经常会感情用事，以自我为中心。由于这类患者有极强的暗示心理，医生采取催眠暗示的疗法有助于他们在比较短的时间内快速康复。

我们可以把精神心理因素所致的语言能力丧失简单理解为：患者本身是能说话的，因为心理上受到打击所以不愿意开口说话。这种情况保险公司是不赔付的。

重新交流的希望

每年 5 月的第三周,国家癌症中心悦知楼二层都会迎来一批特殊的学员。这些人并不是天生失语,而是因喉癌手术摘去了声带,要想重新具备与人正常交流的能力,他们就必须学习一门新的语言——食道语。食道语最大的缺点是声音小、气少、讲话不连贯、音调高低差别较小、爆破音较重,听起来就像得了感冒的人在说话。

还有一种新的技术也许能够在未来帮助聋哑人重新表达——患者通过脑机接口把想说的话借助电脑变成文字,再把文字合成自己的声音表达出来。这项技术目前还在研发阶段,未来它在临床和生活中的应用,我们拭目以待。

语言能力丧失的理赔要点

理赔时机:确诊 12 个月以后。

核心材料:疾病或意外伤害的病历。

理赔依据:语言能力完全丧失或声带完全切除。

特别注意:精神心理因素所致的语言能力丧失不在保障范围内。

小贴士

失语症的康复

以下五种方式可以帮助失语症患者尽快康复。

1. 心理辅导

失语症的早期，患者往往会对自身的康复状况感到焦虑。由于患者无法精准表达自己的需求，很容易变得急躁，感到挫败，从而丧失康复的信心。此时，家属的理解与支持对患者来说很重要。家属应主动了解患者的需求，观察患者的情绪变化，避免患者陷入抑郁的情绪。

2. 康复训练

患者在意识清醒、病情平稳以后，就可以开始进行语言的康复了。根据所患失语症的类型及严重程度的不同，患者可以在专业治疗师或专业康复机构的帮助下，训练听、说、读、写能力。在此过程中，专业治疗师或专业康复机构应对患者的交流对象，比如家属、亲友等进行必要的指导，使他们掌握有效的交流技巧和沟通策略，配合患者的治疗。

3. 高压氧治疗

高压氧是有特殊治疗作用的氧气，目的是给脑组织供氧，保护脑功能。高压氧治疗可用于治疗脑中风、脑外伤，能够有效改善脑外伤后失语的症状。需要注意的是，有精神异常或者癫痫的患者禁止使用。

4. 物理刺激治疗

物理刺激治疗常用的有经颅磁刺激、经颅直流电刺激。这两种治疗方法都是通过刺激脑神经细胞，抑制或增强大脑皮质活动，从而促进患者语言功能的恢复。

5. 药物治疗

以下四类药物可用于失语症的治疗：①增加脑内去甲肾上腺素，比如安非安明，可以增加患者的警觉性；②增加脑内乙酰胆碱含量，比如多奈哌齐，可以改善患者的命名和语言理解能力；③增加脑内多巴胺含量，比如溴隐停，可以改善患者的语言输出能力；④促进胆碱和兴奋性氨基酸释放，比如吡拉西坦，可以改善患者的学习和记忆功能。

第二十四章 重型再生障碍性贫血

重型再生障碍性贫血

指因骨髓造血功能慢性持续性衰竭导致的贫血、中性粒细胞减少及血小板减少，且须满足下列全部条件：

（1）骨髓穿刺检查或骨髓活检结果支持诊断：骨髓细胞增生程度＜正常的25%；如≥正常的25%但＜50%，则残存的造血细胞应＜30%；

（2）外周血象须具备以下三项条件中的两项：

①中性粒细胞绝对值＜0.5×10^9/L；

②网织红细胞计数＜20×10^9/L；

③血小板绝对值＜20×10^9/L。

认识再生障碍性贫血

再生障碍性贫血（Aplastic Anemia, AA），简单来说，就是人体内的血细胞减少了。我们的血液中有多种血细胞，其中非常重要的有三种（见图24-1）：①白细胞，负责我们身体的免疫系统，抵御身体内部或者外来入侵的一切对身体有害的物质；②红细胞，负责为我们的身体运输氧气，供全身的细胞消耗；③血小板，如果我们的身体受伤出现伤口，必须有血小板参与才能够凝结止血，如果没有血小板，我们就会一直流血直至死亡。

如果发生再生障碍性贫血，患者体内的这三种非常重要的血细胞就会大量减少。

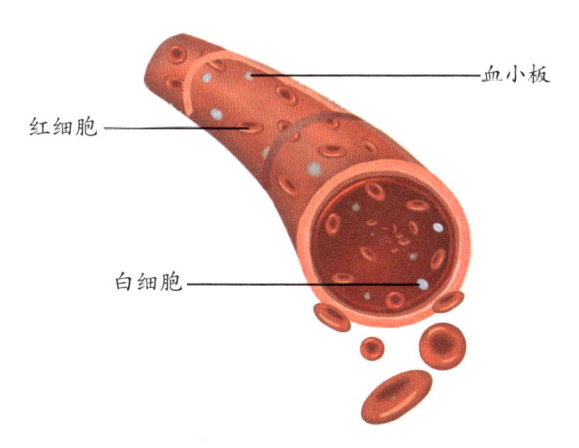

图24-1　三种重要的血细胞示意图

那么，血细胞又是从哪儿来的呢？实际上，血细胞并不是在血液里产生的。骨髓中有专门负责造血的干细胞，它们会根据身体的需要，通过不同的分化途径将原始的干细胞分化成红细胞、白细胞和血小板等。再生障碍性贫血就是不知什么原因，骨髓中的造血干细胞生成红细胞、白细胞和血小板的能力明显减弱了。

为了方便理解，我们做个比喻：骨髓是土地，造血干细胞则是种子。造血干细胞在骨髓里面开始分裂，1个变2个、2个变4个、4个变8个、8个变16个……不断分裂和分化出新的血细胞会去补充那些丢失、老化的血细胞，这是我们体内每天都在发生的事情。骨髓这片肥沃的土地主要耕种着三种作物：红细胞、白细胞和血小板。如果由于某种原因，种子（造血干细胞）变得非常少，那么土地（骨髓）能生长出来的三种作物也会变得非常少。这就是再生障碍性贫血。它并不是发生直接的大量失血，而是因为造血的"种子"数量变少，使得重要的血细胞无法及时更新。

导致再生障碍性贫血的原因

大部分再生障碍性贫血没有明确的病因可寻，称为"原发性再生障碍性贫血"。不过，种种迹象表明，半数以上的原发性再生障碍性贫血都与某些化学、物理、生物因素相关。化学因素包括有毒的除草剂、甲醛等，物理因素通常指电磁辐射，这些都有可能抑制骨髓的干细胞造血。生物因素通常指病毒感染，有的患者得了一场感冒之后就出现了再生障碍性贫血，感冒病毒就是罪魁祸首。各种各样的病毒，都有可能成为再生障碍性贫血的病因。

在生活中，我们几乎每时每刻都在接触各种各样的化学添加剂，还有一些号称对人体无害的化学制品。比如，很多人都习惯用电蚊香、驱蚊水等，虽然说这些物品单拎出来某一种对人体无害，但是每个人一天要接触许多种化学物质，它们混在一起时会对身体造成什么样的影响，目前科学还无法给出确定的答案。那些所谓的"原因不明"，很可能就是多种因素交织在一起，发生了我们察觉不到的化学反应。如今，许多白血病及再生障碍性贫血的发生都与环境因素有非常大的关系。骨髓中的造血干细胞对环境因素特别敏感，环境中的有害物质一旦侵入，就会影响到它的功能。如果骨髓中的干细胞不再造血，就是再生障碍性贫血；如果血细胞发生恶变，就是白血病。现在健康管理行业提倡自己动手做饭，不在外面买，并且尽量少用化妆品、清洗剂、空气清新剂等各种各样的化学制品，就是基于这个原因。

如何诊断再生障碍性贫血

骨髓穿刺检查是诊断再生障碍性贫血的重要方法。髂骨是人体骨髓最丰富的地方，骨髓穿刺就是医生用穿刺针插到髂骨里面，把骨髓抽出来一些放在显微镜下观察，通过计量和分析看抽出的骨髓能产出多少血细胞。如果各种血细胞都明显减少了，就说明出现了再生障碍性贫血。这种疾病患者的骨髓，就像一片荒漠。

再生障碍性贫血是如何形成的

前面我们把骨髓比作土地，把造血干细胞比作种子，骨髓细胞的增生程度其实就是种子的播种密度。如果土地中种子的播种密度低于标准密度的 25%，那么粮食产量肯定高不了，即使再怎么施肥、松土、浇水也是不行的。所以，如果患者骨髓细胞的增生程度小于正常值的 25%，就可以被判定为患了再生障碍性贫血。

如果检测发现，种子的播种密度不小于正常值的 25% 但小于 50%，那么长出来的粮食可能勉强够吃。但是，如果播种很多，而种子的发芽率低，那么长出来的粮食也会不够吃。当种子的发芽率小于 30%，也就是说，患者残存的造血细胞小于正常值的 30%，也可以被判定为患了再生障碍性贫血。

不管是土地还是种子的原因导致粮食"减产"或"绝收"，都会对我们的身体造成巨大的伤害。如果是因为种子少了导致粮食减产，我们可以依靠"进口"，也就是以输血的方式来满足身体的需求；如果是土地出了问题，就需要找到问题发生的原因。

总的来说，再生障碍性贫血的形成原因可以分为以下三种情况：

（1）种子不合格。造血干细胞出问题，相当于农夫买到了不合格的种子导致绝收。而种子不合格的原因主要有两种：一是家族遗传性基因，二是受了过多的辐射。治疗这两种原因引起的再生障碍性贫血，需要进行骨髓移植，也就是把别人家的好种子引进过来，问题就迎刃而解了。

（2）免疫抑制。地是好地，种子也是好种子，但不幸遭遇虫灾——一群蝗虫飞过来把长出的粮食全吃光了。最常见的情况是发生了自身免疫攻击，也就是免疫系统把骨髓制造好的血细胞当成"敌对势力"消灭了。治疗这种原因引起的再生障碍性贫血，可以使用免疫抑制剂，这和器官移植后用的免疫抑制剂是一样的。

（3）土地废掉了。土地废掉的主要原因也有两种。一是土地遭受了严重污染，长不出粮食。比较常见的是化学污染，比如苯这种化学物质就会影响骨髓的造血功能。一个人如果接触过量的苯，就很有可能患上再生障碍性贫血。二是土地失去了水肥滋养，也就是人体内出现了微循环障碍，骨髓得不到充足的养分和供血，这样的土地自然是长不出粮食的。针对这种情况，医学上目前没有什么好的应对方法，只能靠身体自己慢慢调整恢复。

在临床上，再生障碍性贫血很少是单一原因导致的，通常会同时出现上述三种情况，因此治疗需要多管齐下，才能获得比较好的效果。

对外周血象的指标要求

患者要达到重型再生障碍性贫血的标准，还要满足疾病定义对"外周血象"的指标要求。我们可以将外周血象理解为粮食亩产的数值统计结果，其结果必须符合下面三项中的两项：

（1）中性粒细胞[①]绝对值 $< 0.5 \times 10^9/L$——减产 90% 以上。

（2）网织红细胞[②]计数 $< 20 \times 10^9/L$——减产 60% 以上。

（3）血小板绝对值 $< 20 \times 10^9/L$——减产 90% 以上。

应对粮食"减产"最高效的办法就是通过"进口"补充不足，这就涉及两个问题："有没有钱买粮"和"市场上有没有人卖粮"。

在临床上，一袋血小板大约为 1500 元（由于所在地区不同，具体的价格是无法评估的），进入身体之后大概可以存活 3 天，3 天后又需要重新输血。重型再生障碍性贫血患者如果能敞开来不停地接受输血的话，死亡率会大大降低。但是大多数情况下，血库都

---

① 白细胞的一种，占人体所有白细胞总数的 50%～70%。
② 尚未完全成熟的红细胞，在周围血液中的数值可反映骨髓红细胞的生成功能。

处在缺血的状态，它本身也像一个再生障碍性贫血患者，库存永远不够，不足以支撑全部需要，这是导致再生障碍性贫血患者死亡的重要原因之一。

和脑梗死、心肌梗死等许多其他重大疾病类似，再生障碍性贫血发病的轻重有很大的随机性，并不都是先轻后重的渐进式发展。急性再生障碍性贫血起病急，进展迅速，患者若治疗不及时可在半年内死亡。

重型再生障碍性贫血的理赔要点

理赔时机：满足疾病定义要求的全部条件后。

核心材料：骨髓穿刺检查或骨髓活检诊断报告。

理赔依据：外周血象三项条件中满足两项。

小贴士

再生障碍性贫血的预防

虽然大多数再生障碍性贫血的发病原因并不明确，但是我们可以通过改变自己的行为或生活方式，远离某些危险因素，从而避免患病。

1. 病毒感染

   肝炎病毒、腮腺炎病毒、流感病毒等都有可能诱发再生障碍性贫血。因此，我们在日常生活中要做好个人防护，避免感染病毒。

2. 药物因素

在服用药物时，要严格遵照医嘱，尤其是名为氯霉素的抗生素。抑制骨髓造血功能是氯霉素最严重的毒性反应，因此在使用这种抗生素时，须严格掌握适应证，使用合理剂量，严密监测毒性。

3. 辐射因素与化学因素

尽量避免接触放射性物质、有毒化学物质（如苯类化学物质、杀虫剂等）。如果无法避免接触，务必做好全面的防护措施。

25

第二十五章
主动脉手术

主动脉手术

指为治疗主动脉疾病或主动脉创伤,已经实施了开胸(含胸腔镜下)或开腹(含腹腔镜下)进行的切除、置换、修补病损主动脉血管、主动脉创伤后修复的手术。主动脉指升主动脉、主动脉弓和降主动脉(含胸主动脉和腹主动脉),不包括升主动脉、主动脉弓和降主动脉的分支血管。

所有未实施开胸或开腹的动脉内介入治疗不在保障范围内。

第二十五章　主动脉手术

认识主动脉

主动脉就是人体内最粗的动脉血管，它从心脏出来之后拐了一个弯，向下一直到达大腿根部，是全身血液运输的主干道。主动脉在向下走的过程中有许多分支，每到一个重要部位就会分出一些血管，给这些器官供血，比如给心脏供血的冠状动脉，给肾脏供血的肾动脉，还有向下给两条腿供血的下肢动脉等（见图25-1）。

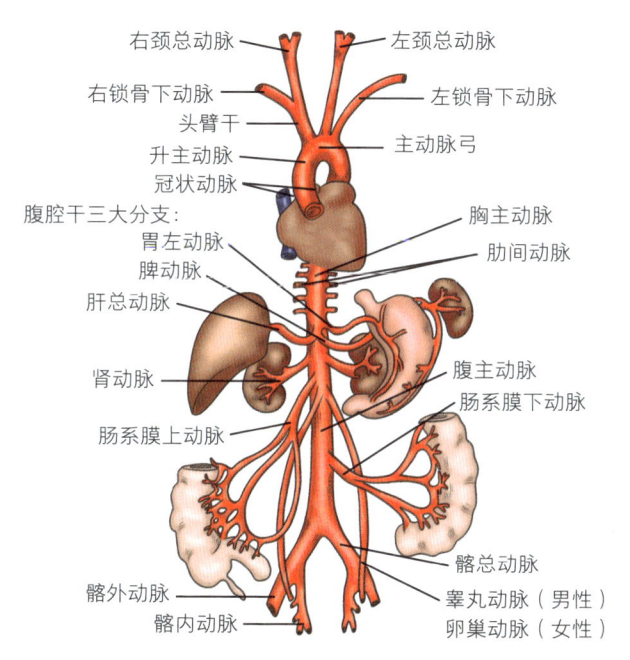

图 25-1　人体主动脉走向示意图

主动脉向上走的一段叫作升主动脉，弓起的部分叫作主动脉弓，往下走的一段叫作降主动脉。主动脉会一路进入腹腔。我们把胸腔里的主动脉叫作胸主动脉，腹腔里的主动脉叫作腹主动脉。胸主动脉主要负责给胸壁、肺、气管、食管以及心包等器官或组织供血。腹主动脉主要负责给腹壁、腹部器官、盆腔器官供血。

主动脉就像一根中药店里的老山参，它有一个主干，很多条参须。但是，本条疾病定义只保障主动脉最粗的主干，即升主动脉、主动脉弓和降主动脉（含胸主动脉和腹主动脉），其余的分支动脉不在保障范围内。这是为什么呢？还是因为从重疾险设计的目的出发，分支动脉的损伤往往不足以导致患者失能，所以患者无论在治疗时花了多少钱，都不是保障失能的重疾险所考虑的。

主动脉疾病和主动脉创伤的分类

主动脉疾病和主动脉创伤可以分成三大类。

第一类是主动脉血管狭窄，血流不畅导致心脏泵血阻力增大，心脏的工作量随之增加，时间一长便容易出现心衰。主动脉狭窄、主动脉粥样硬化等疾病就属于这一类。

第二类是主动脉血管壁变薄、变脆，有破裂风险，容易造成大出血，危及患者生命，比如主动脉瘤、主动脉夹层等。

第三类是交通意外、高处坠落等创伤导致的主动脉血管破裂和离断。

主动脉夹层与主动脉瘤是如何产生的

年轻人的血管通常富有弹性，但随着年龄的增长以及各种心血管危险因素的出现，血管会逐渐老化，慢慢增厚、变硬，进而出现动脉粥样硬化，血管的弹性随之变差。就像水管用久了会老化，容易堵塞或者破裂一样，血管老化了，主动脉内膜受到损伤，就容易出现破口。

正常动脉壁由内膜、中膜和外膜三层构成。如果患者有高血压，在高速、高压血流的冲击下，血液就有可能从内膜破口进入中膜，甚至冲破中膜，导致血管的三层结构发生分离，形成主动脉夹层（见图25-2）。血液在这种高压力的状态下流动，会使主动脉管径扩张，导致血管壁变薄。血管壁变薄之后，会显得特别松弛，血液流过的时候会把这个松弛的部位"吹"起来，就像孩子吹气球一样，形成一个动脉瘤。

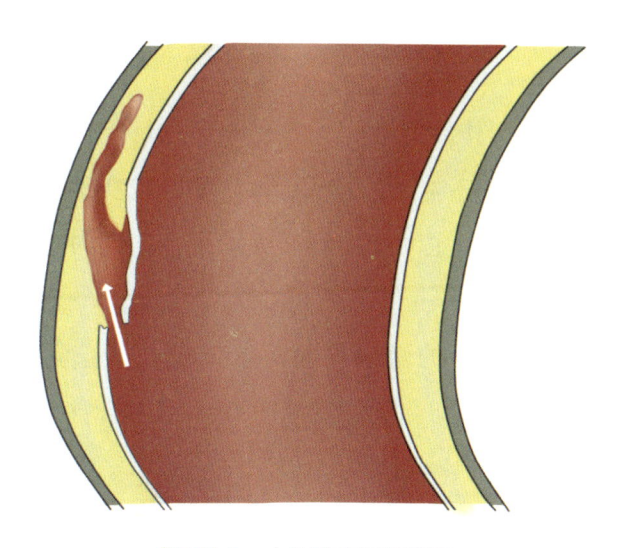

图 25-2　主动脉夹层示意图

动脉瘤虽然带个"瘤"字，却并不是肿瘤，而是一个空腔，里面充满了血液。如果主动脉的某个部位被"吹"起来，就形成了一个主动脉瘤。主动脉瘤一旦破裂，心脏泵出的血液就会从血管破裂处喷出，造成严重的内出血，进而出现失血性休克，瞬间夺去患者的生命。伟大的物理学家爱因斯坦、我国著名的地质学家李四光均死于腹主动脉瘤破裂（见图25-3）。

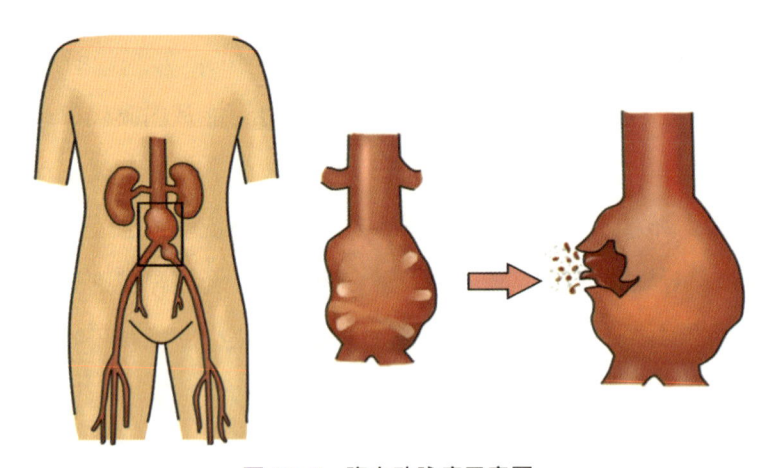

图25-3 腹主动脉瘤示意图

因此，对有瘤体的主动脉，需要考虑进行外科手术，解除隐患后方能确保生命安全。小型主动脉瘤是否需要手术要看具体病情和医生建议。大型主动脉瘤必须手术干预，因为它的危险系数很高。

医生检查主动脉的健康状况，主要通过影像学检查，包括MRI和造影。患者确诊主动脉疾病通常绕不过这两个检查。

主动脉疾病的手术治疗

主动脉上出现致命的主动脉夹层或主动脉瘤时，治疗方法通常是支架置入手术。医生先将一根人工血管缝合在距离患者心脏 1cm 位置的主动脉上，接下来置入一个超大支架，撑开主动脉夹层堵塞的血管腔。这种支架和用在周围动脉上的支架不太一样，它非常粗大，外面还有一层液态合金，因此可以弯折，能够把大的动脉血管里的夹层撑开、贴住，让血液沿着真腔顺利流过去。医生做这种手术是需要穿铅衣的，一件铅衣重几十斤，而做这样的手术一般要 6 个小时，医生往往会汗流浃背。

除了支架置入手术，外科手术方法还有切除、置换或修补病损主动脉血管以及主动脉创伤后修复。这类手术操作比较复杂，一般需要开胸或开腹才能进行，就是在患者胸廓或腹部上割开一道几十厘米长的口子，露出主动脉，以便医生在直视下进行手术。

随着医学技术的进步，有些以前必须开胸或开腹才能做的手术，现在可以在胸腔镜或腹腔镜下进行。胸腔镜或腹腔镜手术是在患者身体上打几个小孔，分别插入光源、摄像机和外科器械。医生通过观察传输到监视器中的图像，引导操作器械实施手术。此外，也有部分开胸或开腹手术为减小切口选择在胸腔镜或腹腔镜的辅助下进行。

接受开胸或开腹手术的患者要承受较大创伤，有明显的疼痛感觉，术后容易出现切口感染、胸骨不愈合、心肺肾功能不全等严重并发症。虽然胸腔镜或腹腔镜手术创伤较小，但医生在手术操作中可能会造成肋间神经压迫等，导致患者术后有不同程度的胸痛。

无论是开胸、开腹手术，还是微创手术，都会给患者造成非常严重的内伤。病变的血管用针和线与正常血管缝合在一起，在长牢固之前是非常脆弱的，与人体自身血管的结实程度相差甚远。因此，患者术后容易出现血管破裂、大量失血甚至死亡的风险，如果这时候患者不在家休息而要去上班，后果是极其严重的，是在拿生命开玩笑。

然而，一个不得不面对的问题是，长期休养会严重影响患者的工作和收入，后续各种并发症的治疗以及护理、用药等庞大支出，也会给患者带来较大的经济压力。为面临这种情况的患者提供保障，正是重疾险发明的初衷。足额的重疾保险金能够缓解患者的经济压力，为患者创造一个良好的休养环境。

主动脉手术的理赔要点

理赔时机：手术之后。

核心材料：切除、置换、修补病损主动脉血管、主动脉创伤后修复手术的相关病历、诊断证明。

理赔依据：已经实施了开胸（含胸腔镜下）或开腹（含腹腔镜下）手术。

特别注意：所有未实施开胸或开腹的动脉内介入治疗不在保障范围内。

小贴士

主动脉夹层动脉瘤的预防三要素

主动脉需要做手术的最常见原因就是主动脉夹层动脉瘤。主动脉夹层动脉瘤虽然不是真性肿瘤，但它对人体的危害较各种恶性肿瘤有过之而无不及。因此，加强预防主动脉夹层动脉瘤的意识是非常重要的。主动脉夹层动脉瘤一旦破裂，短时间内即可导致患者死亡。

下面是预防主动脉夹层动脉瘤的三要素。

1. 勤测血压

高血压患者应经常测量血压，实时了解自己的血压状况；遇到血压异常不可控时，应尽快就医。

2. 做 CT

胸痛未必是心脏病发作，也有可能是主动脉夹层动脉瘤造成的。所以，患者体检时在做完心电图、腹部B超检查之后，可以再做 CT 检查一下主动脉的情况。

3. 做 MRI

MRI 是快速诊断主动脉夹层动脉瘤的重要检查手段。因此，患者发生胸痛时，为预防主动脉夹层动脉瘤，应做 MRI。

第二十六章

严重慢性呼吸衰竭

严重慢性呼吸衰竭

指因慢性呼吸系统疾病导致永久不可逆性的呼吸衰竭,经过积极治疗 180 天后满足以下所有条件:

(1) 静息时出现呼吸困难;
(2) 肺功能第一秒用力呼气容积(FEV_1)占预计值的百分比 < 30%;
(3) 在静息状态、呼吸空气条件下,动脉血氧分压(PaO_2)< 50mmHg。

重疾险为什么要保障严重慢性呼吸衰竭

俗话说，人活一口气。如果人的肺出了毛病，这口气就只能憋着，非常难受。对健康人而言，一呼一吸很平常；但对有些人来说，简单的一呼一吸是一种奢望。

旧规范中并没有"严重慢性呼吸衰竭"的疾病定义，这是新规范增加的一个病种。为什么中国保险行业协会和中国医师协会要有这个考量呢？最主要的原因在于，这13年来（2007—2020年）中国人的患病情况发生了明显变化。在2017年中国人十大死因疾病（见表26-1）中，排名第四的是慢性阻塞性肺疾病。这说明在我们的实际生活中，因呼吸衰竭而引发的死亡概率已经相当高了，所以新规范增加了这项保障。

表 26-1　2017 年中国人十大死因疾病

排名	疾病名称	排名	疾病名称
1	脑中风	6	道路交通伤害
2	缺血性心脏病	7	胃癌
3	肺癌	8	阿尔茨海默病
4	慢性阻塞性肺疾病	9	新生儿疾病
5	肝癌	10	高血压性心脏病

如果你去一趟医院的呼吸科，可能会发现无论是病房还是门诊，都有很多等着做雾化吸入①的患者。冬季是慢性阻塞性肺疾病急性发作的高峰期。

认识慢性阻塞性肺疾病

导致慢性呼吸衰竭的常见疾病有慢性阻塞性肺疾病、重症哮喘、支气管扩张、慢性气管炎、重症肺炎、过敏性肺炎、肺栓塞、气胸、肺组织病变、非血管疾病、胸廓病变以及神经肌肉疾病等。其中，最主要的是慢性阻塞性肺疾病。

慢性阻塞性肺疾病简称"慢阻肺"（Chronic Obstructive Pulmonary Disease，COPD），是呼吸系统的常见病和多发病，包括具有气流阻塞特征的慢性支气管炎和肺气肿，疾病后期的致残率和病死率都非常高。2018年4月10日，国际权威医学期刊《柳叶刀》发表了由我国医学工作者完成的大规模人群研究"中国成人肺部健康研究"首项成果，揭示了我国慢阻肺的流行状况，首次明确提出我国慢阻肺患者人数约有1亿人，它已经成为与高血压、糖尿病同样高发的慢性疾病，给许多家庭带来了沉重负担。世界卫生组织将每年11月第三周的周三定为"世界慢阻肺日"，足见这个疾病的危害之大。

慢阻肺的临床表现：咳嗽、咳痰，晨间较为明显；呼吸困难，早期在患者体力劳动后出现，后期休息的时候也会出现；喘息或者

---

① 雾化吸入是把药物全部打碎成微小的颗粒，喷出来后呈气雾状，然后均匀地直接作用于病变部位。这种方法可使药效更直接，用药量更少，出现的不良反应也比较少。

胸闷。慢阻肺的临床表现与慢性支气管炎类似又有所不同，一定要找专科医生检查确诊，对症治疗。

慢阻肺的并发症主要包括以下五种：

（1）肺癌。据统计，慢阻肺患者发生肺癌的概率更高。

（2）糖尿病。观察发现，30%～40%的慢阻肺患者同时患有糖尿病，其原因有很多，比如慢阻肺症状加重的时候需要使用激素，反复使用激素容易导致类固醇相关性的糖尿病。

（3）骨质疏松。得了慢阻肺的患者肺功能下降，不得不减少活动量，但如果长期不运动，就容易导致骨质疏松。此外，治疗时使用激素也会导致骨质疏松。

（4）营养不良。患者因为呼吸困难导致消化道结构改变，影响消化能力和吸收能力。

（5）抑郁症。调查发现，将近60%的慢阻肺患者会出现焦虑、抑郁状态。这既与病情有关，也与因呼吸困难导致患者活动减少、无法外出有关。

严重慢性呼吸衰竭的理赔条件

首先要明确，"严重慢性呼吸衰竭"这个病种也不是确诊即赔的，需要在确诊后经过180天的观察才能做出判定。如果这期间经过积极治疗，患者在床上坐着仍然会喘不上气来，也就是"静息时出现呼吸困难"，就符合赔付条件了。

但是只符合这一项条件还不够，患者还须同时符合另外两项条件，即临床上对严重慢性呼吸衰竭两个方面的检查。

一是肺功能的检测，这是判断气流受限的主要客观指标。医学上一般用患者的第一秒用力呼气容积（FEV_1）作为指标来评估慢性呼吸衰竭的严重程度。FEV_1是如何获得的呢？很简单，患者只需把鼻子堵住，用嘴向仪器用力吹气，然后看第一秒的时间能吹出来多少气。做这个检测是因为导致慢性呼吸衰竭的主要疾病是慢阻肺，阻塞的标志性特征就是气体在肺里进出不顺畅。正常人第一秒用力呼气的时候，气道可以完全打开，而慢阻肺患者进出气都是阻塞的，呼气量会大大少于正常人。正常人的FEV_1数值在3L左右，严重慢性呼吸衰竭患者的FEV_1数值低于正常人，占预计值（FVC）的百分比小于30%，就符合赔付条件了。事实上，严重慢性呼吸衰竭患者因为肺功能出现障碍，只有比较小的出气通道，不能一下子完成用力呼气的动作，所以第一秒的时候，患者能吹出来的气只有1L左右，大量的气还残留在肺泡中。

根据FEV_1相关数值比对，我们可以将呼吸衰竭程度分为四级（见表26-2）。

表 26-2　呼吸衰竭程度分级

分级	FEV_1 数值
Ⅰ级（轻度）	$FEV_1 \geq 80\%$ 预计值
Ⅱ级（中度）	50% 预计值 $\leq FEV_1 <$ 80% 预计值
Ⅲ级（重度）	30% 预计值 $\leq FEV_1 <$ 50% 预计值
Ⅳ级（极重度）	$FEV_1 <$ 30% 预计值或 $FEV_1 <$ 50% 预计值，伴呼吸衰竭

二是动脉血氧分压（PaO_2）检查。医生可以通过动脉血氧分压来判断患者病情的严重程度。血氧分压就是血液中含有的氧气所产生的压力。患者做这个检查需要抽血。我们平时体检，一般都从

静脉里抽血，静脉血是深红色的。血氧分压检查则要从动脉抽血，因为动脉血里的氧气含量多。正常的动脉血是鲜亮的红色，慢阻肺患者抽出的动脉血是深红色的，与静脉血的颜色差不多。

正常人的动脉血氧分压是 80～100mmHg，低于 80mmHg 时人就会感到憋闷，需要吸氧。严重慢性呼吸衰竭患者的动脉血氧分压小于 50mmHg，可想而知，患者体内动脉血的氧气含量只有正常人的一半，肯定会觉得非常憋闷、难受。

慢阻肺和哮喘有什么区别

我们先来了解一下什么是哮喘。哮喘是因过敏引起肺泡周围的肌肉突然抽筋或者痉挛。患者在呼吸的时候，由于肺泡被痉挛的肌肉紧紧裹住，所以会感到呼吸困难。哮喘患者在呼气时会发出一种奇怪的声音，医学上叫作哮鸣音。这种声音的声调较高，就像金属丝震颤的声音，具有连续性、持久性、带音乐性等特点。

哮喘与慢阻肺既有共性，又有差异，在临床上是比较容易鉴别的。但是如果患者同时患有哮喘与慢阻肺，鉴别二者就比较困难了。

哮喘与慢阻肺的共性在于：①都受共同的环境因素影响，比如吸烟、空气污染等；②都是气道慢性炎症。

二者的差异可以从以下三个方面来看：

第一，临床表现不同。哮喘发病较早，而且与家族遗传基因关系密切，病情稳定时患者完全正常，一旦发作病情就会很严重；慢阻肺患者的呼吸困难症状则是持续存在的。

第二，药物疗效不同。哮喘发作时患者的肺功能下降，但是经过药物治疗后大多可以恢复正常；慢阻肺患者只能通过药物治疗缓解病情，不可能完全恢复正常。也就是说，哮喘可以治愈，而慢阻肺是不完全可逆的。所谓"不完全可逆"，是指患者的病情只能实现部分逆转，不能完全恢复。假设有两名患者，他们来看病时都是行进中呼吸困难、咳嗽、咳痰，症状十分相似。两周过去，这两名患者都说用药以后病情明显改善，其中一名患者复查肺功能正常，另一名患者的检查结果却和原来的基本一样，此时就可以大致判定，前者得的是哮喘，后者得的是慢阻肺。

第三，肺功能检查结果不同。鉴别两种病不能只看一次检查的结果，需要反复检查，观察患者病情的动态变化、发作期与缓解期的区别、治疗后可恢复的程度，还要看整个发病过程的动态变化以及炎症标记物特点。总的来说，医生并不能以单次肺功能检查的结果判断患者是慢阻肺还是哮喘，必须看患者病情的动态变化、发作规律、治疗前后肺功能可逆性有多少才行。

需要注意的是，如果哮喘不能得到有效、及时的治疗，频繁发作，气流受限渐渐不完全可逆，就容易转变为哮喘-慢阻肺重叠。因此，患者一旦出现哮喘症状，一定要引起重视，及时就医，尽早治疗。下面是哮喘和慢阻肺的详细对比（见表26-3）。

表26-3 哮喘和慢阻肺的详细对比

对比项目	哮喘	慢阻肺
危险因素	环境、宿主因素	环境、宿主因素
呼吸生理（气道阻塞）	✓	✓
病变本质（气道炎症）	✓	✓
临床症状（咳、痰、喘）	✓	✓
气道重构	✓	✓

续表

对比项目	哮喘	慢阻肺
炎症细胞类型	$CD4^+T$ 淋巴细胞	$CD8^+T$ 淋巴细胞
	嗜酸性粒细胞	巨噬细胞和中性粒细胞
病变部位	大气道	小气道（<2mm）可进展至肺实质、肺气管和大气道
可逆程度	可完全恢复正常	不完全可逆
发病年龄	幼儿至成年	中老年
幼儿湿疹或荨麻疹	常见	不常见
异味气体刺激症状	常见	不常见
一串过敏性症状和季节性变态反应	常见	不常见
肺功能	气流受限多变（激发试验或舒张试验阳性）	持续性气流受限（吸入支气管扩张剂后 FEV_1/FVC<70%）
对激素治疗的反应	作为一线用药	部分有效，单用不能阻止肺功能恶化
吸入性糖皮质激素效果好	一致	不一致

严重慢性呼吸衰竭的理赔要点

理赔时机：状态持续 180 天后。

核心材料：长期慢性呼吸衰竭的病历。

理赔依据：满足疾病定义要求的全部条件。

特别注意：慢阻肺和哮喘的区别。

> 🤝 **小贴士**

预防慢阻肺的五个建议

慢阻肺一旦罹患不易治愈,所以日常的预防非常重要。下面是预防慢阻肺的五个建议。

1. **戒烟**

    防止慢阻肺发生或者恶化的最佳方案就是戒烟。即使有多年吸烟史的人,只要戒了烟,肺部损伤的进程就会放缓,对病情也是有很大好处的。

2. **控制职业和环境污染**

    从事有毒有害气体、粉尘作业的人员应当采取完善的防护措施,避免肺部组织受到损伤。其他呼吸道刺激物的影响(如空气污染、生物燃料、病原体感染等),也会使慢阻肺恶化。我们可以通过适当的预防措施,比如佩戴防护口罩,减少有害气体或有害颗粒吸入,从而减轻气道和肺的异常炎症反应。

3. **定期检查**

    对于长期处于空气污染严重环境的人、吸烟者等高危人群来说,应当定期做肺功能的检查、基因筛查,尽可能地早发现、早诊断、早干预慢阻肺的病情,减缓肺部损伤。此外,婴幼儿也需要积极预防呼吸系统感染,以降低患慢阻肺的风险。

4. **接种疫苗**

    接种流感疫苗、肺炎链球菌疫苗、百日咳疫苗、细菌溶解物等，对于预防慢阻肺患者反复感染可能有益。

5. 加强体育锻炼

增强体质，提高机体免疫力，有助于改善机体的健康状况。日常我们还可以进行吹气球等肺功能锻炼，夏天练习用冷水洗脸，冬季适当锻炼耐寒能力。

27

第二十七章
严重克罗恩病

严重克罗恩病

指一种慢性肉芽肿性肠炎，具有特征性的克罗恩病（Crohn 病）病理组织学变化，须根据组织病理学特点诊断，且已经造成瘘管形成并伴有肠梗阻或肠穿孔。

第二十七章　严重克罗恩病

认识克罗恩病

克罗恩病是一种原因不明的肠道炎症性疾病，在胃肠道的任何部位均可发生（见图 27-1），但多发于末端回肠和右半结肠，以腹痛、腹泻、肠梗阻为主要症状，常合并营养不良。克罗恩病最早在 1932 年由一位叫克罗恩的医生提出。这个病还有另外一个名字——绿色癌症，但它并不是真正的癌症。

它是一种良性疾病。绝大多数患者的病情都是良性状态，恶变的比例非常低。克罗恩病之所以被称为"绿色癌症"，是因为目前全世界还没有治愈的病例。好在它是一种慢性病，就像糖尿病、高血压一样，虽然不能治愈，但可以比较好地得到控制。

克罗恩病的病因目前尚不清楚，但有一种"卫生假说"：患者小时候在特别干净的环境中成长，比如在北欧、北美等地区，因为这些地区环境比较洁净，孩子就不怎么感染寄生虫，幼年时肠道以及整个免疫系统得到的锻炼比较少，长大以后可能更容易得免疫性疾病。

克罗恩病在中国还不是太常见，但它的发病率和患病率都在不断升高。这种疾病发病率的增长速度不容小觑，已经逐渐从罕见病发展为常见病。

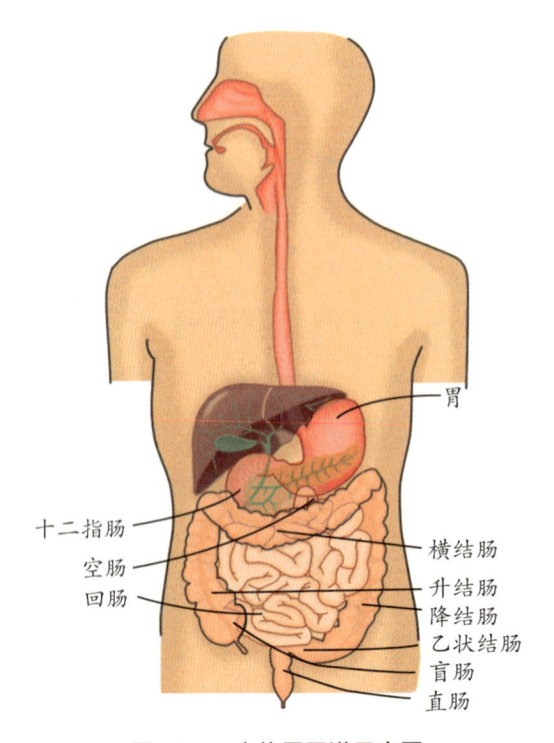

图 27-1　人体胃肠道示意图

克罗恩病造成的危害

克罗恩病患者的肠道反复发炎，肠道在刺激下慢慢增生，内壁会出现一个个凸起的病变，就像铺了鹅卵石的道路一样。这样的病变使肠道更容易受伤害，导致肠道溃疡、肠道狭窄、肠壁变厚等，最终带来腹痛和大便性状和形态的改变。

太多的鹅卵石状增生堆在一起，会使肠道变窄、肠壁变厚，肠道发生淤积。长期下去，肠道就会被完全堵塞，形成肠梗阻，如果不及时处理，患者可能有死亡的风险。

还有一种后果是肠穿孔，它是鹅卵石状增生在肠道内反复发炎的结果。如果炎症太严重，可能会导致肠壁溃烂穿孔，一旦肠道里面的各种食物残渣和消化液进入腹腔，就会危及生命。

迄今为止，炎症性肠病还没有单一的诊断方法。除了要详细全面询问患者的病史和建议患者做体格检查，医生还要让患者做血常规、粪常规、钡餐造影、消化道内镜检查、黏膜活检以及影像学检查等，才能确诊患者得了克罗恩病。

克罗恩病患者需要反复进行内外科治疗，致残率高，对个人、家庭和社会可能造成严重影响。罹患克罗恩病，以及我们下一章要讲的溃疡性结肠炎，还会引起身体其他部位的问题，比如关节炎、口腔溃疡、眼部及皮肤症状等。

虽然目前我们对于克罗恩病的发病原因尚不明确，但是可以肯定它和以下几个因素有关：先天的遗传、病毒感染以及环境污染。患者可能自身有先天遗传缺陷，然后又受到病毒感染，加上环境污染的刺激，就发病了。这说明，健康生活很重要，哪怕有先天的遗传基因，如果不感染病毒，不接触那么多环境污染物，克罗恩病也不一定会发生。

克罗恩病的诊断及治疗方法

诊断克罗恩病最有效的方法就是做结肠镜检查，医生可以通过它判断病变位置、病变程度，同时可以取病变组织进行病理学检查，以确诊疾病。符合克罗恩病的病理组织变化对于重疾险理赔至关重要。不过，做结肠镜检查有肠穿孔和出血的风险，不适合做结肠镜检查的患者可以选择做造影检查。

目前克罗恩病没有特殊的治疗方法，医生只能对症治疗。当出现严重克罗恩病时，手术治疗可以缓解症状，但是手术后这种疾病的复发率较高。

英国科学家正在深入研究通过干细胞移植为克罗恩病患者培养新的免疫系统。干细胞是人体自身的细胞，可以帮助整个免疫系统生长。这种治疗方法可以用低剂量的药物来收集干细胞，然后重建身体的免疫系统。希望这项研究能为克罗恩病患者带来治愈的希望。

克罗恩病的分期

克罗恩病按照疾病发展过程分为急性炎症期、溃疡形成期、狭窄期和瘘管形成期（穿孔期）。

在急性炎症期，患者的肠道壁已经有了非常明显的变化，出现充血水肿，这个时候需要用药物控制。同时，患者一定要坚持健康的生活方式，让肠道炎症尽快好转，避免反复或持续发炎。

到了发病中期，也就是溃疡形成期，因为肠道长期反复发炎，鹅卵石状增生开始出现。这个时候除了药物治疗，患者有必要通过手术去处理增生太多的部位。

到了发病晚期，包括狭窄期和瘘管形成期，肠道已经快要被大量增生堵死，会发生肠梗阻。一旦克罗恩病形成肠梗阻，或者发生肠穿孔并已经形成瘘管（和别的器官相通的破孔），就需要做手术，然后通过药物维持治疗。对于克罗恩病患者来说，肠道出现瘘管是早晚的事。

按照本条疾病定义的要求，普通的克罗恩病是不能申请理赔的，必须到病情晚期，形成肠梗阻或者肠穿孔才可以。

第二十七章　严重克罗恩病

正如前面章节提到的，患者通常不会一夜之间就达到理赔重度疾病的程度。在病情早期，患者的肠道内壁还光滑的时候，如果能早发现，就可以早预防了。如果病情刚刚出现就予以重视并干预，还是有很多的办法控制和缓解的。只要不让病情不断地向前发展，它就不会给患者造成太大的健康和经济损失。千万不要等到发展成重大疾病了，才不得不面对现实。

克罗恩病与溃疡性结肠炎有什么区别

克罗恩病与我们下一章要讲的溃疡性结肠炎都属于炎症性肠病，区别主要在于发病部位和症状表现。这两者都是令消化内科医生十分头疼的疾病，因为它们原因不明而且目前没有非常好的治疗方法。

溃疡性结肠炎比较常见，它就像口腔溃疡一样，只不过溃疡是长在结肠上的，主要影响直肠、结肠，很少影响回肠末端。它往往在远端出现弥漫性、连续性的糜烂浅溃疡，表现为腹痛、腹泻，比较严重的时候会有出血的情况。但是，大部分情况下因为溃疡不多（只有一两块），所以出血也基本看不出来，而且不容易出现肠梗阻、肠穿孔或者瘘管。如果溃疡已经非常多，甚至整个肠道都布满溃疡，情况就比较严重了，会出现肠穿孔，后果非常可怕。这样又急又重的病情必须做手术才能治疗。溃疡性结肠炎也有肠道外表现，可能出现一些关节上的病变，或者一些眼部症状，比如虹膜睫状体炎，有的可能出现皮肤结节。

克罗恩病的发病位置通常在回肠的末端，它是非连续性、阶段性的重型溃疡，严重的时候可以影响到小肠、胃甚至食管。通常情况下，严重的溃疡性结肠炎容易造成肠穿孔，而克罗恩病会造成肠梗阻。

严重克罗恩病的理赔要点

理赔时机：达到疾病定义要求的理赔标准后。

核心材料：组织病理学诊断结果。

理赔依据：已经造成瘘管形成并伴有肠梗阻或肠穿孔。

特别注意：容易被误诊成肠结核。二者往往需要通过病理诊断进行区分。肠结核通过病理检查可以发现结核杆菌，是可治愈性疾病；而克罗恩病找不到感染细菌，且目前无法治愈。

小贴士

罹患克罗恩病后的五个注意事项

1. 加入克罗恩病病友群

患者加入病友群可以获得心理方面的支持，不再感觉孤单，而且病友之间可以分享治疗经验。

2. 控制压力

压力不会导致克罗恩病，但是能够引起疾病的发作或者加重症状。因此，克罗恩病患者可以在病情平稳时，采取适当的方式来缓解压力。比如，到户外欣赏自然风光，进行散步、跳舞等体育锻炼（应避免剧烈运动）。

3. 平衡饮食

患者应保证营养均衡，注重合理膳食，忌食生冷、油腻、刺激性食物，同时注重饮食卫生。尽管食物不会直接导致克罗恩病，但是患者在疾病处于活跃期时，食用软的、清淡的食物同样会引起不适。因此，患者需要进行一次饮食排除测试。

4. 遵照医嘱用药

患者千万不要漏吃药、自行减量或停药。

5. 外出须提前做好准备

患者在外出前应做好准备，从而避免外出带来的很多麻烦。患者可以在外出前查看卫生间的位置，包括公共交通站点的卫生间位置；提前准备好外出的应急用品，比如药品、厕纸等。

第二十八章 严重溃疡性结肠炎

严重溃疡性结肠炎

指伴有致命性电解质紊乱的急性暴发性溃疡性结肠炎,病变已经累及全结肠,表现为严重的血便和系统性症状体征,须根据组织病理学特点诊断,且已经实施了结肠切除或回肠造瘘术。

认识溃疡性结肠炎

大部分人都长过溃疡，最常见的溃疡就是出现在舌头上或口腔内壁的白色斑点。实际上，溃疡在体内任何地方都会出现，比如胃溃疡就是溃疡出现在胃里。结肠就是我们平时所说的大肠，它比较粗，里面主要是食物残渣，其内部也会出现溃疡。

溃疡性结肠炎和克罗恩病一样，都属于炎症性肠病，而且都是与免疫性相关的疾病。和克罗恩病不同的是，溃疡性结肠炎是在肠道里面出现溃疡，主要发生在结肠。最初多发生在直肠或者乙状结肠，有些患者的溃疡会向上发展，最终扩大到降结肠、横结肠、升结肠甚至回盲部（回肠末端与盲肠交接的部位），这种情况叫作倒灌性结肠炎。

溃疡性结肠炎在欧美国家发病率较高，在我国发病率较低。不过，近年来我国也有溃疡性结肠炎发病率越来越高的趋势，是当前临床医生关注的一个热点。它的预后要比克罗恩病稍微好一些。

虽然溃疡性结肠炎的具体病因仍不清楚，但目前研究认为，该病与遗传、环境、肠道菌群、免疫等因素有关。父母一方或双方曾患有溃疡性结肠炎，其子女的发病概率会明显高于其他正常人群。当然，这并不意味着一定会发病。但如果一个人已经是溃疡性结肠炎的遗传易感者，此时再加上环境因素的作用，比如有喜食油腻或辛辣刺激性食物、经常熬夜、不爱运动等不良生活习惯，发病的风险会大大提高。若在此基础上，肠道菌群又出现了问题，那么发病的风险将进一步增加，最终在多个因素的相互作用下，出现溃疡性结肠炎的相关症状。

因此，做好溃疡性结肠炎的预防工作至关重要，比如调整生活作息、加强体育锻炼、饮食有节、保持心情舒畅等。我们学习与重大疾病相关的知识，最大的益处便是了解日常生活中应当注意的一些健康问题，从而避免出现非常严重的情况。

溃疡性结肠炎的症状

如果你去医院做肠道检查，医生一般会问你排便后是否舒畅，有没有排不尽的感觉，肛门有没有坠胀感，等等。

诊断溃疡性结肠炎主要看排便后肛门的感受。正常人排便能完全排空，但溃疡性结肠炎患者由于肛门口发炎，肛门会变得特别敏感。中医里有一个说法形容得很贴切，叫"里急后重"。"里急"就是"感觉来了刻不容缓，当时就得去厕所"；"后重"就是正常人解决完就痛快了，可是有溃疡性结肠炎的人会觉得便后还不通畅，肛门有坠胀和火辣辣的感觉，特别难受。如果一个人"里急后重"，就说明肛门口有病变。

究竟是什么原因导致溃疡性结肠炎患者产生以上感觉呢？我们可以把消化道看成一条传送带，人吃了食物以后，营养物质被吸收，剩余的食物残渣形成大便，通过直肠从肛门被排出体外。直肠和肛门很重要，它们就像一个闸门。平时肛门口是闭住的，而直肠有一个功能叫容受性，就是它能够舒张，残渣来一点就舒张开，储存起来，存到比较多的时候，压力和张力都比较大了，它就通过神经传到大脑，于是人就产生了便意，身体就需要排泄一次。通常我们一天排便 1～2 次，这是正常的生理状态。但是当掌管排便的关键位置发炎时，它就会变得特别敏感，使患者一次只能排一点，排完了还不舒服，甚至严重到坐在马桶上起不来，非常痛苦。

严重溃疡性结肠炎的诊断及理赔条件

首先，本条疾病定义不保障普通的溃疡性结肠炎，只保障急性暴发性溃疡性结肠炎。

要判断患者是不是急性暴发性溃疡性结肠炎，需要综合考虑其临床类型、病情分期以及病变范围。

根据临床类型的不同，溃疡性结肠炎可以分为初发型、慢性复发型、慢性持续型、急性型。其中，急性型比较少见，其特点是急性起病，病情严重，全身的毒血症状比较明显。一般突然起病或短时间内加重（几周之内）达到重型标准的，就可以认为是急性型的。

根据病情分期的不同，溃疡性结肠炎可以分为活动期和缓解期。活动期的溃疡性结肠炎按照严重程度，又可以分为轻度、中度和重度（见表 28-1）。到了缓解期，代表结肠黏膜炎性已经明显减轻，患者的症状基本缓解。

表 28-1　活动期的溃疡性结肠炎分期

分期	表现
轻度	腹泻每日 4 次以下，便血轻或无便血，无发热，贫血较轻或无贫血，血沉正常
中度	腹泻每日 4 ~ 6 次，有明显的血便，出现低热，血沉介于 20 ~ 30mm/h，有轻度贫血
重度	腹泻比较频繁，每日 6 次以上，有明显的血便、发热，血沉增快，血红蛋白下降

根据病变范围的不同，溃疡性结肠炎可以分为直肠型、左半结肠型以及广泛结肠型。直肠型是指病变集中在直肠，也就是大肠下面的一段，属于轻度溃疡性结肠炎；左半结肠型是指病变主要发生在左半结肠（包括直肠、乙状结肠、降结肠和半个横结肠），属于中度溃疡性结肠炎；广泛结肠型是指整个结肠都有病变，属于重度溃疡性结肠炎。下面是结肠示意图（见图 28-1）。

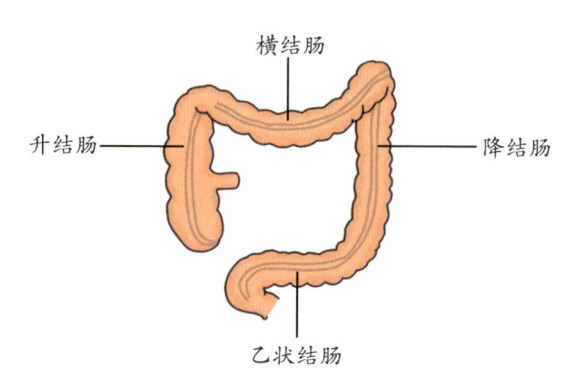

图 28-1　结肠示意图

诊断溃疡性结肠炎只有一种方法：肠镜 + 活检。如果患者通过检查证实整个结肠都有炎症，就符合本条疾病定义的要求了。

其次，疾病定义要求患者出现致命性的电解质紊乱。溃疡性结肠炎最明显的症状就是腹泻，正常人腹泻一两天就可能导致身体脱水；溃疡性结肠炎患者则一年 365 天不停地腹泻，稍微不注意就会脱水，而脱水之后，电解质①随着水大量排出体外，就会导致电解质紊乱。

最后，疾病定义还要求患者必须实施了结肠切除术或回肠造瘘术。大肠的每一段功能都不相同，右半结肠的功能主要是吸收，左半结肠形成和存储粪便，直肠的作用是排便。整个大肠还具有分泌和免疫的功能。如果把结肠切除，人的吸收功能必然会受到影响，粪便将无处安放，此时就需要做回肠造瘘手术。由此可见，严重溃疡性结肠炎对人体造成的伤害是非常大的。

人体的细菌航母

人体的肠道里住着非常多的细菌，大约有多少呢？答案是：比人体所有细胞的数量加在一起还要多十倍。有科学家甚至总结说："人体是一艘载着细菌四处游荡的航空母舰。"从某种角度来说，"细菌军团"确实很强大。

肠道中住着的细菌有好有坏，好的细菌可以保护我们的肠道不受外界伤害，坏的细菌则专门破坏肠道。当好的细菌多的时候，坏的细菌就无法伤害肠道，比如我们偶尔吃辛辣或油腻的食物是不会损伤肠道的。但是，如果好的细菌变少，那些坏的细菌就会对肠道产生各种各样的伤害，导致肠道开始发炎。如果患者身体内有溃疡

---

① 电解质指溶解在水中的钾、钠、氯、钙、镁等离子。这些离子对维持心跳、神经信号传导有着非常重要的作用。

性结肠炎的基因，这样的炎症一旦出现，就会像推倒了"多米诺骨牌"的第一张牌——基因开始发挥作用。如果溃疡性结肠炎突然暴发，患者不能及时得到治疗，病情就会从轻度、中度发展到重度，直到整个结肠都要切除。因此，有益的细菌对于维持肠道健康起着非常重要的作用。

在医院里，医生经常用益生菌为患者治疗胃肠道疾病，比如专门给孩子用的枯草杆菌二联活菌颗粒，给成年人使用的双歧杆菌四联活菌片等。

大家可以在生活中适当补充益生菌。随着年龄增长，人体内的有益菌群会逐渐减少，肠道健康会被一点一点地破坏。如果一个人平时总爱喝酒、熬夜、吃烧烤等，则不管年龄大小，肠道里的有益菌群都会逐渐减少。有益菌群减少带来的问题非常多，比如会导致肠道的消化吸收能力变差等。如果我们能够注意好好保护身体，就算有溃疡性结肠炎的基因，也不会发展到严重溃疡性结肠炎的地步。

严重溃疡性结肠炎的理赔要点

理赔时机：手术后。

核心材料：组织病理学诊断结果。

理赔依据：属于急性暴发性溃疡性结肠炎，并伴有致命性电解质紊乱，病变累及全结肠，且实施了结肠切除或回肠造瘘术。

> 小贴士

早期炎症性肠病的五种症状

目前炎症性肠病的发病机制尚不明确,所以很难预防,只有早期发现、科学治疗,它才不会对我们的生活造成严重影响。如果身体出现了以下五种症状,一定要警惕是否得了炎症性肠病。

1. **腹痛**

   腹痛的程度有轻有重,多数患者一般表现为左下腹或下腹轻度至中度疼痛,也可累及全腹部。症状较轻的患者只感觉腹部隐隐作痛,症状较重的患者可能会感觉到痉挛性疼痛,按压时痛感会明显加重。

2. **腹泻**

   轻度腹泻次数少于 4 次/天,中度腹泻次数 4～6 次/天。有些患者可能一天腹泻 6 次以上,这就属于重度腹泻了。长时间腹泻会导致恶心、食欲不振、体重下降等。

3. **便血**

   患者多表现为黏液脓血便,即大便中混有血液或脓状物。

4. **便秘**

   这种症状比较少见。溃疡性结肠炎的症状与疾病发生的位置有直接的关系,如果病变发生在直肠或者乙状结肠,有一部分患者可能没有腹泻的症状,但是会便秘。

5. **其他症状**

   患者可能会出现其他症状,比如贫血、关节酸痛、眼睛刺痛(眼球运动时疼痛加剧)、口腔溃疡经久不愈以及肛周脓肿治愈后反复发作等。

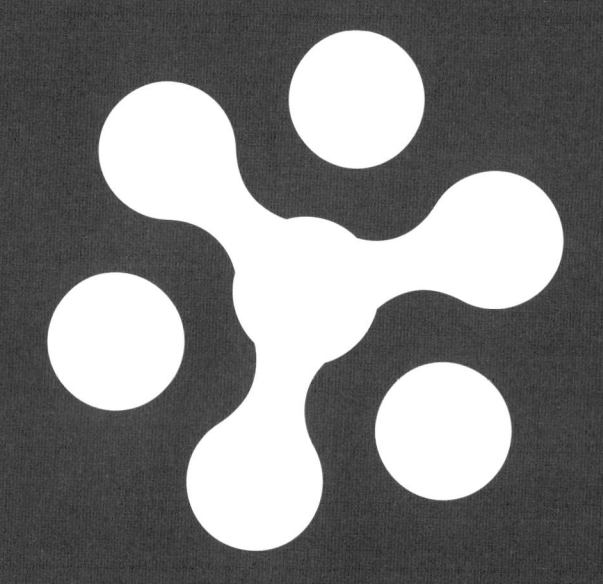

结语

重疾无忧
—— 追溯重疾险的初心

重疾险的诞生

2020年6月,央视财经频道的《第一时间》栏目在对重疾险行业进行调查后,做了一个专题报道。此次专题报道的数据显示:我国重疾保障人数目前已经超过1亿人;在过去10年里,重疾险为超过1亿人提供了总保额超过22万亿元的风险保障,为逾百万人支付重疾险保险金509亿元。

重疾险在中国的历史并不长,1995年才被引入中国市场。当时国内的重疾险很不成熟,没有定价标准,没有发病率的数据,更没有任何国内的重疾险经验数据。2006年初还出现了重疾险"保死不保生"的重大新闻,进一步引发了大众对重疾险的信任危机。当时的中国保险监督管理委员会(简称"保监会",于1998年成立,2018年撤销,机构职能并入中国银行保险监督管理委员会,简称"银保监会")意识到了完善重疾险规定的紧迫性。为了遏制重疾险行业内的乱象,保监会在2007年颁布了《重大疾病保险的疾病定义使用规范》(旧规范),要求各家保险公司必须遵照执行。2013年8月,保监会取消了重疾险的预定利率不能超过2.5%的规定,改为由保险公司按照审慎原则自行决定。政策放开人身保险预定利率,等于把定价权交给了保险公司和市场,使得越来越多高性价比的重疾险产品出现。到了2020年,中国保险行业协会、中国医师协会颁布了《重大疾病保险的疾病定义使用规范（2020年修订版）》（新规范），首次引入轻度疾病的定义，并将原有25种重大疾病定义完善扩展为28种重度疾病和3种轻度疾病。我国重疾险产品的质量也进一步提升。

重疾险是当前国内人寿保险行业的主流产品，在越来越多的家庭中受到欢迎。在新规范颁布后，重疾险再次成为保险从业者和客户关注的焦点。对这个"年轻"又"沧桑"的险种，我们的了解有多少？它到底提供的是什么样的保障，这些保障又能为我们做什么呢？

我们不妨先来看看重疾险的发明者——来自南非的巴纳德医生的故事。

巴纳德医生在一次诊疗中遇见了一位年轻女士，检查结果显示，这位女士罹患了肺癌，巴纳德医生迅速为她做了肿瘤切除手术。

手术很成功，这位女士5天后就出院了。两年后，巴纳德医生再次见到她。遗憾的是，此时这位女士呼吸急促，面容苍白消瘦，举步维艰，已然快走到生命的尽头。

巴纳德医生仔细询问后才得知，这位女士做完手术3周后就继续工作了，因为她有两个孩子要抚养，房租、教育费用、日常开销等，都需要她来负担。短短几周后，这位女士就离开了人世。

这件事对巴纳德医生的触动很深。随着接触到越来越多与这位女士境况相同的患者，巴纳德医生产生了一种责任感，他觉得自己应该向社会呼吁，发明一种新型险种，让患者在罹患诸如癌症、心脏病、脑中风等严重疾病后能够获得保障，不必再为了应对生活压力辛苦奔忙，延误、加重本就严重的病情，获得更多生存的希望。于是，他主动向当地的一家保险公司表达了这个想法。随后，该公司在 1983 年设计开发了世界上首个重大疾病保险。

巴纳德医生认为："医疗和保险的关系就像紧密结合的婚姻，我们作为医生挽救的是患者的生理生命，保险则能救助一个家庭的财务生命。如果生病了，我们求助的第一个人是谁？就像心脏病发作了，我们自然要去找专科医生诊治，但前提是我们有足够的资金保障，确保家庭的财务状况能够负担。只要我们的身体出了问题，就会得到一笔有针对性的保障资金，这才是人寿保险的承诺，也是保险的功用所在。"

巴纳德医生发明重疾险的根本目的不是直接提供一笔治病的资金，而是尽可能地帮助患者和他们的家人减轻财务负担，更有余裕地应对挑战，争取战胜病魔。他在采访中提到的那位女患者的故事，就是我们为什么需要重疾险的最好例证。如果那位女患者不是同时面对财务压力和疾病挑战，那么死神卷土重来的机会是不是要小很多？医生虽然能用一台成功的手术挽救患者于一时，却因为无法提供让患者安心康复的周全支持，而不得不眼睁睁地看着自己的努力付诸东流——这是让巴纳德医生感到最难过的。

为了解决这个问题，巴纳德医生才推动了重大疾病保险的发明。

还有一件事能证明重疾险发明的初衷。巴纳德医生所在的国家，直到今天还在实施全民免费医疗的社会保障制度。也就是说，患者在公立医院看病是不收钱的，诊疗费用都由政府来支付，所以南非并不存在有人因为没钱而看不起病的问题。因此，巴纳德医生在南非发明重疾险的初衷，不是为了解决支付不起医疗费用的问题。

理解重疾险保障的核心

了解了重疾险发明的前因后果，也就明白了它到底提供的是什么样的保障。从发明的初衷来看，重疾险解决的主要是被保险人因罹患重大疾病而失能导致的收入损失问题。重疾保险金有时也可以用来支付医疗所需的费用，但主要支付的是在疗程结束后的康复费用。患者在前期拿这笔钱看病的情况是比较罕见的。

具体到某一项重疾险条款，我们可以从两个核心要点去深入理解这种保障作用：一是条款对某一种疾病的定义，二是条款约定的赔付条件。

新规范中的"疾病"是指重大疾病保险合同约定的疾病、疾病状态或手术。也就是说，在重疾险合同的条款中，"疾病"实际上细分为三种情况：①由正规医院的专科医生确诊被保险人得了某种疾病；②被保险人不仅要得了某种疾病，还要达到一定的疾病状态，通常指病情进展到使人长期失能的阶段；③疾病严重到一定程度，必须采取某种手术，也就是患者不得不接受某种治疗方法。下面我们就来详细分析一下这三种情况。

1. 疾病

通常是指那些一旦罹患必然造成被保险人失能的病症，确诊即可理赔，对疾病的严重程度、具体类型都没有要求。不管病情是早期还是晚期，也不管是甲型、乙型还是丙型，只要按照规定的方法有了明确诊断，就可以得到保险公司的理赔款。

为了方便理解，我们来看看新规范以外的三种"确诊即赔"的疾病及条款内容（见下表）。

名称	条款内容
克雅氏病	指一种由动物传染而来的中枢神经系统变性疾病，大脑呈海绵状改变伴神经元缺失和角质化。临床表现为进行性痴呆、不随意运动及抽搐、运动困难，等等。<u>须有医院根据致病蛋白的发现而明确诊断。疑似诊断不作为理赔依据</u>
严重破伤风	指破伤风梭菌经由皮肤或黏膜伤口侵入人体，在缺氧环境下生长繁殖，产生毒素而引起严重持续肌痉挛的一种特异性感染。<u>须经相关专科医生明确诊断</u>
狂犬病	指狂犬病毒所致的急性传染病，人多因被病兽咬伤而感染。临床表现为特有的恐水、怕风、咽肌痉挛和进行性瘫痪等。<u>须经专科医生明确诊断</u>

克雅氏病也叫牛海绵状脑病。条款中的理赔条件只有一个，就是"有医院根据致病蛋白的发现而明确诊断"，没有早期不赔、晚期才赔，或者一型赔、二型不赔这类要求。

严重破伤风和狂犬病的条款也明确指出，有相关专科医生明确诊断即赔，不分早期或晚期，也不要求分型。

这三种疾病在临床上的共同特点是，确诊必死，目前医学是无法治愈的。除了这三种疾病，属于确诊即赔的疾病其实非常少。算上新规范里的疾病，各家保险公司确诊即赔的所有疾病加起来也不会超过 10 种。

2. 疾病状态

上述"确诊即赔"的疾病和我们平时所认为"确诊即赔"的疾病是很不一样的。比如，很多人认为确诊癌症，即可理赔重疾险，但是细想一下，条款中对癌症的严重程度有没有要求？当然有，比如原位癌不赔、早期癌症不赔，必须严重到中晚期才赔。那对癌症的类型有没有要求呢？也是有的，新规范中的恶性肿瘤疾病定义写得非常清楚，非侵袭性的癌症不赔。再比如，很多人认为严重Ⅲ度烧伤确诊即赔，但疾病定义对烧伤程度是有要求的，必须是Ⅲ度烧伤，且烧伤的面积达到一定比例才能赔付。

重疾险中的大多数疾病条款不仅要求明确诊断，还约定了具体的赔付条件、疾病状态。这是重疾险条款中最多见的一种情况，占比在90%以上。它一般要求：①病情严重到一定程度；②治愈后仍留有严重后遗症，比如脑梗死治疗后患者自主生活能力完全丧失，就属于典型的严重后遗症；③疾病进入终末状态，出现不可逆转的器官衰竭导致严重失能。

这里重点说说最后一种。严重的疾病进入终末状态会出现不可逆转的器官衰竭，即患者在生命的最后阶段，大多是因器官衰竭离开人世的。即使病症起因是被刀扎、被枪击、被车撞等外伤，最终也都会因为骨折、失血导致器官快速衰竭，生命无法维持下去。疾病导致的器官衰竭更多是器官的缓慢衰竭，一旦出现衰竭，患者常常会丧失工作能力，或者继续工作会加速病情恶化。这时重疾保险金的作用就发挥出来了，它可以让患者在家中安心休养身体。

为了方便理解，我们来分析一下严重阿尔茨海默病、严重脑中风后遗症和严重慢性肾衰竭三种疾病状态的条款内容（见下表）。

阿尔茨海默病严重到一定程度，患者会经常忘记事情。但是，仅被医生诊断为阿尔茨海默病还不一定能得到重疾险的理赔款。因为条款明确要求，不仅要确诊得了这种疾病，还要至少满足两项赔付条件中的一项。拿到诊断证明就获得理赔款几乎是不可能的，绝大多数患者在拿到诊断证明之后，还要向保险公司提供长期的检查病历或者特殊鉴定证明。

名称	条款内容	属性
严重阿尔茨海默病	指因大脑进行性、不可逆性改变导致智能严重衰退或丧失，临床表现为严重的认知功能障碍、精神行为异常和社交能力减退等，其日常生活必须持续受到他人监护。须由头颅断层扫描（CT）、核磁共振检查（MRI）或正电子发射断层扫描（PET）等影像学检查证实，并经相关专科医生确诊，且须满足下列至少一项条件： （1）由具有评估资格的专科医生根据临床痴呆评定量表（CDR，Clinical Dementia Rating）评估结果为 3 分； （2）自主生活能力完全丧失，无法独立完成六项基本日常生活活动中的三项或三项以上。 阿尔茨海默病之外的其他类型痴呆不在保障范围内。 注：如果保险公司仅承担被保险人在某年龄之前的保障责任，须在疾病定义中特别说明	疾病严重到一定程度
严重脑中风后遗症	指因脑血管的突发病变引起脑血管出血、栓塞或梗塞，须由头颅断层扫描（CT）、核磁共振检查（MRI）等影像学检查证实，并导致神经系统永久性的功能障碍。神经系统永久性的功能障碍，指疾病确诊 180 天后，仍遗留下列至少一种障碍： （1）一肢（含）以上肢体肌力 2 级（含）以下； （2）语言能力完全丧失，或严重咀嚼吞咽功能障碍； （3）自主生活能力完全丧失，无法独立完成六项基本日常生活活动中的三项或三项以上	疾病治愈后留有严重后遗症
严重慢性肾衰竭	指双肾功能慢性不可逆性衰竭，依据肾脏病预后质量提议（K/DOQI）制定的指南，分期达到慢性肾脏病 5 期，且经诊断后已经进行了至少 90 天的规律性透析治疗。规律性透析是指每周进行血液透析或每天进行腹膜透析	疾病进入终末状态出现不可逆转的器官衰竭

脑中风治愈后常常留有严重的后遗症，疾病定义要求患者得了脑中风半年后仍然遗留表中列举的一种及以上功能障碍，才可以得到理赔款。也就是说，患者至少要治疗半年之后才能申请理赔。

严重慢性肾衰竭则要求疾病已进入终末状态，发生了不可逆转的器官衰竭。患者需要每周进行血液透析或每天进行腹膜透析，持续90天以后才能申请理赔。

3. 手术

患者罹患了某种疾病，需要实施特定的治疗方法，而这些治疗方法往往会导致患者失能。

以主动脉手术为例（见下表）。其实治疗主动脉疾病或主动脉创伤有很多方法，但是只有接受了开胸（含胸腔镜下）或开腹（含腹腔镜下）手术，患者达到失能的程度才可以得到理赔款。比如，一种重大疾病有五种治疗方法，其中四种比较先进，对患者后续的健康影响也很轻微，只有一种方法比较"原始"，治疗后会导致失能，那么重疾险保障的就是接受这一种方法治疗的患者。

名称	条款内容
主动脉手术	指为治疗主动脉疾病或主动脉创伤，已经实施了开胸（含胸腔镜下）或开腹（含腹腔镜下）进行的切除、置换、修补病损主动脉血管、主动脉创伤后修复的手术。主动脉指升主动脉、主动脉弓和降主动脉（含胸主动脉和腹主动脉），不包括升主动脉、主动脉弓和降主动脉的分支血管。 所有未实施开胸或开腹的动脉内介入治疗不在保障范围内

经常有人怀疑说，重疾条款这样设计难道不是落后于时代吗？明明有创伤更小的、更好的方法去治疗某种疾病，却偏偏只有选择痛苦最大的手术才能得到理赔款，这分明是保险公司不愿意赔钱。

然而，一种由当代医生发明的保险，怎么可能落后于现代医学的发展呢？我们一定要弄清楚每个险种保障的重点到底是什么。比如，一个人买了交通意外险，然后得了心肌梗死，怪保险公司不给报销心肌梗死的治疗费用，这显然是非常荒谬的，因为交通意外险根本就不解决治疗费用报销的问题。同理，重疾险是保障失能的，其重点在于为患者的收入损失提供补偿，而不是为患者报销医疗费用。所以，被保险人没到失能阶段得不到重疾险理赔款，和交通意外险不赔付心肌梗死的治疗费用是一样的道理。弄清楚了这一点，重疾险发生理赔纠纷的概率就会大大降低。

重疾险的理赔纠纷

深入理解重疾险之后，再看到新闻里的保险理赔纠纷时，我们就有比较明确的判断了。

央视新闻曾经报道过一起保险公司和客户间的重疾险理赔纠纷案，标题是《重症保险本应雪中送炭却成"不死不赔"》。

报道内容大致是这样的。山东东营的王先生在 2014 年被当地市人民医院诊断为主动脉瘤，病情危重，其胸腹交接处的主动脉瘤已经达到 4.5cm×4.5cm×5.5cm。医生建议王先生立即手术，手术费 20 多万元。家境并不富裕的王先生凑不齐这笔手术费，于是想起 5 年前购买过一份提前给付的重大疾病保险，其中包括主动脉手术。对于王先生来说，如果拿到理赔款，就有了足够的钱做手术，于是他给保险业务员打电话咨询，业务员表示王先生这种情况可以理赔。但是后续申请理赔的实际过程却无比艰难。急等钱做手术的王先生数次咨询保险公司理赔进展，最后等到的却是保险公司的拒赔通知书，理由是该项条款要求只有做完手术才能理赔。保险公司的工作人员也承认，客户王先生确实患了合同约定的疾病，但条款约定必须在实施了开胸或开腹手术之后才可以赔付保险金。王先生说，当时业务员告诉他只要有大病诊断证明就可以得到理赔款，他作为一名普通人很难理解专业的保险术语，相信业务员的话才买了这份保险，没想到最需要的时候却用不上。

旧规范颁布以后，各家保险公司的重疾险只要保障主动脉手术，就必须使用行业统一的疾病定义。而旧规范中对主动脉手术的定义是"指为治疗主动脉疾病，实际实施了开胸或开腹进行的切除、置换、修补病损主动脉血管的手术。主动脉指胸主动脉和腹主动脉，不包括胸主动脉和腹主动脉的分支血管。动脉内血管成形术不在保障范围内。"因此，被保险人必须实施了开胸或开腹手术才能理赔。重疾险补偿的，实际上是被保险人手术后失能导致的收入损失。王先生在接受手术之前并没有失能，所以他无法提前得到这笔钱作为手术费用。实际上，这 20 多万元的手术费，只能通过医保和商业医疗险来覆盖，重疾险无法提供医疗费用方面的保障。

大多数的重疾险理赔纠纷，往往都是因为客户甚至保险业务员不清楚重疾险的赔付条件，对这个险种的功能存在误解。前面我们已经分析过，重疾险并不是确诊即赔的，而是要看疾病、疾病状态或手术是不是导致了被保险人丧失工作和生活自理的能力。

上述案例的王先生接受手术后，保险公司的工作人员主动为他送上了重疾保险金，并告诉他可以用这笔钱补偿收入损失，以便在家好好休息静养，等过两三年身体完全康复了再恢复工作。

新规范增加了主动脉微创手术也可以理赔的内容，因为无论是开胸手术还是微创开胸手术，都会因为缝接血管给患者造成严重的内伤，患者必须停止工作，卧床休息。

对于广大的保险业务员来说，王先生和保险公司的理赔纠纷案值得举一反三。它提醒大家：既要通过销售沟通和接洽了解清楚客户购买保险想解决的问题，也要在平时扎实做功课，掌握不同险种的保障内容，明确它们能够满足什么样的客户需求，这样才能为客户设计出最合适、最有效的保险保障方案。在我看来，高素质的业务员群体始终是人寿保险行业的发展根基。

重疾险的"轻"与"重"

本书前三章出现了轻度疾病和重度疾病的相对概念。恶性肿瘤有重度和轻度之分，急性心肌梗死有较重和较轻的判别，脑中风后遗症要区分严重和轻度。既然同在重大疾病的范畴，为什么还要有轻重之分呢？重大疾病中的轻度疾病是以一个什么样的形式存在的？轻度疾病和重度疾病又是什么样的关系？中国保险行业协会为什么规定轻度疾病最多只赔付保额的30%？很多人都认为区分轻度疾病与重度疾病对客户不利，那它到底是好还是坏呢？本书的最后，我们就来简单聊聊这些问题。

轻度疾病与重度疾病相比，病情的严重程度更低，二者会导致被保险人出现不同程度的失能。

轻度疾病导致的失能程度比较轻，一般几个月到半年的时间，被保险人就能恢复工作。不过，虽然可以继续工作，但是大概率需要减轻工作量。这种短期失能，会导致被保险人部分收入损失。

重度疾病导致的失能程度比较重，被保险人工作能力完全丧失的时间一般在半年以上，也就是超过半年时间无法做任何工作或强行工作会导致死亡。这种长期失能，会导致被保险人严重的收入损失。比如，被保险人实施了冠状动脉搭桥手术，通过全力治疗虽然幸存下来，但是丧失了部分或全部的工作能力，需要非常长的时间进行康复休养。

我们一再强调，重疾险是用来补偿被保险人因罹患重疾而失能导致的收入损失的，这种收入损失因被保险人失能程度的不同而有大有小，轻度疾病导致的失能程度较轻，重度疾病导致的失能程度较重，所以两者能够理赔的额度也有所不同。新规范规定，轻度疾病的保额不应高于对应重度疾病保额的 30%。

可以看出，轻度疾病实际上是在重度疾病的条款基础上，适当地降低赔付标准，以补偿被保险人短期失能导致的收入损失。重疾险合同条款一般采用两种方式来降低赔付标准：一是降低病情的严重程度（如脑中风后遗症），二是拓展治疗方法的范围（如增加心脏支架手术条款）。还有一些特殊的形式，比如颈动脉进行血管形成术或内膜切除术，它们在重度疾病中没有对应的条款，但在轻度疾病中有所涉及。

中国保险行业协会和中国医师协会引入轻度疾病的定义，是对重大疾病进行的科学分级，能够使赔付更加精准合理。但是我们仍然要记住，轻度疾病与重度疾病一样，补偿的是被保险人的收入损失。而且，即便是轻度疾病，也要求病情达到一定的严重程度才可以得到理赔款，否则不能叫"重大疾病"。